上外贸
涉外法治论丛

（第1卷）

张庆麟／主编

法律出版社
LAW PRESS·CHINA
——北 京——

图书在版编目(CIP)数据

上外贸涉外法治论丛. 第1卷 / 张庆麟主编. -- 北京：法律出版社，2023
ISBN 978-7-5197-7974-0

Ⅰ. ①上… Ⅱ. ①张… Ⅲ. ①涉外经济法－研究－中国 Ⅳ. ①D922.295.4

中国国家版本馆 CIP 数据核字(2023)第099664号

上外贸涉外法治论丛(第1卷)
SHANGWAIMAO SHEWAI FAZHI LUNCONG (DI-1 JUAN)

张庆麟 主编

策划编辑 沈小英
责任编辑 刘晓萌 常 锋
装帧设计 汪奇峰

出版发行 法律出版社
编辑统筹 法治与经济出版分社
责任校对 裴 黎
责任印制 吕亚莉
经 销 新华书店

开本 710毫米×1000毫米 1/16
印张 13 **字数** 217千
版本 2023年9月第1版
印次 2023年9月第1次印刷
印刷 北京虎彩文化传播有限公司

地址：北京市丰台区莲花池西里7号(100073)
网址：www.lawpress.com.cn
投稿邮箱：info@lawpress.com.cn
举报盗版邮箱：jbwq@lawpress.com.cn
销售电话：010-83938349
客服电话：010-83938350
咨询电话：010-63939796

书号：ISBN 978-7-5197-7974-0
定价：78.00元

凡购买本社图书，如有印装错误，我社负责退换。电话：010-83938349

名誉主编

周汉民

主　编

张庆麟

执行主编

解正山

编　辑

蔺　捷　郏立军　毛真真　宋保振　李　干

卷首语

经过大家的共同努力，尤其是广大作者的鼎力支持，《上外贸涉外法治论丛》终于喜获出版了！这标志着在我国涉外法治研究领域又荣添了一方高水平的研究阵地，它也将为我国涉外法治的研究与发展做出应有的贡献！

如果说数年前，国际化与全球化还是世界发展相对单一的主题，那么今天，世界进入了开放与封闭并存、趋同与差异并显的时代。同理，如果说多年前，中国在国际化问题上还是主要强调如何与国际接轨，那么今天，在世界发展新趋势的推动下，中国则进入了更多强调如何有效参与和创新引领国际规则的新境界。在这样的世界新趋势与中国新境界中，涉外法治问题成为最为热门也最为迫切的研究领域之一，不仅需要对传统涉外法治问题与国际法律问题进行持续研究，而且需要对新的涉外法治问题与国际法律问题进行针对性研究，尤其是需要对中国如何引领国际规则的制定进行创新性研究。

这些年来，我国为了给国内经济社会发展争取更多的国际空间与更好的国际环境，以及应对世界发展的新趋势,在全面参与国际问题治理的基础上积极部署了诸多重大的国际倡议或战略,包括“一带一路”国际倡议、人类命运共同体倡议、RCEP协定的牵头与组织、中欧投资协定谈判与签署、气候公约的持续推进、人民币国际化战略推进、共同应对疫情的国际协调、CPTPP协议的加入申请,等等。与此同时,为全面深化改革开放,我国在国内也部署推行了诸多重大举措,如以上海自贸区为代表的自贸区的发展与建设、海南自由贸易港与大湾区的确定与建设、上海浦东社会主义现代化建设引领区和深圳中国特色社会主义先行示范区的确立与建设以及科技创新国家战略等。中国在国际与国内的这些重大部署的推进与实现,也迫切地需要从涉外法治与国际法律角度获得理论研究的支持。

《上外贸涉外法治论丛》正是在上述时代背景下应运而生的。作为一方高水平的研究阵地,它将专注于时代背景所需求的各类涉外法治问题的研究。《上外贸涉外法治论丛》不仅致力于收集关于国际与国内层面涉外法治问题的高水平研究成果,还希望收集关于地方层面,如上海、长三角经济一体化、大湾区、环渤海经济带等主题的涉外法治问题研究高见。我们希望通过百家争鸣、各抒己见来为新时代背景下的中国涉外法治发展与国际规则引领创新提供应有的成果支撑与力量支持!

《上外贸涉外法治论丛》由上海对外经贸大学法学院主办。上海对外经贸大学法学院前身为1984年创建的上海对外贸易学院国际经济法系,是全国第一批经教育部批准设立的国际经济法院系,是上海市最早招收国际经济法专业硕士研究生的法律院系之一,也是最早承担涉外律师培训的基地之一,具有鲜明的涉外法律教育与研究传统,尤其在国际贸易法研究方面位居全国前列。《上外贸涉外法治论丛》设有“论文”“评论”“案例研究”“经典译苑”“环球书评”等特色栏目,以更好地关切国际法与涉外法治领域的理论问题、实践问题与热点问题。

“长风破浪会有时,直挂云帆济沧海”,《上外贸涉外法治论丛》的出版正是诗中的云帆,定会在希冀中直济沧海、蕴造桑田。在欣喜的同时,我们再次诚挚地感谢为出版而辛苦工作的同志和不吝赐稿的作者，也真诚地感谢后续将为本论丛继续辛苦工作的同志和惠赐作品的同仁。《上外贸涉外法治论丛》的未来令人瞩目与期待，欢迎更多的作者赐投稿件，欢迎更多优秀作品在本论丛发表。

上外贸涉外法治论丛(第1卷)

目　录

论　文

评　论

案例研究

论　　文

《上外贸涉外法治论丛》(第1卷)
第3~21页

欧美外资国家安全审查救济制度研究

张庆麟* 张 婧**

在经济全球化不断推进的时代,外国资本作为推动国际经济发展的主要动力,为东道国经济发展带来新活力的同时也引发了东道国国内新的危机,国家安全威胁即为其中之一。国家安全审查制度由此应运而生,为消除外资输入带来的安全威胁,保障外国资本在本国市场持续、健康地运行,促进本国经济发展,各国纷纷建立了国家安全审查制度。

外国投资国家安全审查(以下简称外资国家安全审查)制度因其"国家安全"概念的模糊性,导致其安全审查具有一定程度上的不可预见性,甚至会产生因外资安全审查机构职权的扩张而损害外国投资者利益的情形。本文从私权救济的角度,对欧盟及其成员国、美国的外资国家安全审查制度进行比较研究,分析外资国家安全审查过程中权利救济的可行性及途径。

* 法学博士,上海对外经贸大学法学院教授、博士研究生导师。
** 上海对外经贸大学法学院硕士研究生。

一、外资国家安全审查的救济性

救济是与权利相互依存的,在权利被损害时,应当有必要的手段和方法进行救济。如果受到侵害的权利没有纠正或矫正的手段和渠道,权利就得不到保障。从社会发展的早期至今,寻求救济的方式逐渐从以私人力量为主要手段发展到向公权力寻求救济,救济是权利得到保障的重要途径。[①] “无救济则无权利”推翻了以天赋人权为主要思想的封闭体系,提出公民的权利不是通过抵制国家的干涉来实现的,而是要求国家通过法律来保障公民的权利。公民所享有的权利是在法律中明确规定的,因此法律也应当对权利救济的途径、制度、资格等加以规定,明确行政机关的行政责任,形成权利救济的完整机制。

国家安全审查机构作出的安全审查决定,从行为属性分析是由行政机关做出的具体行政行为。它是由国家安全审查机构根据法律法规,针对特定的外国投资企业,就特定的安全审查事项,所作出的关乎其权利义务的单方行为。所以,外资国家安全审查首先应当具备一般行政行为的救济性,其次根据其特殊性,外资国家安全审查还应配套设置具体的救济措施。

经济合作与发展组织(OECD)2009 年 5 月通过的《国家安全相关之东道国投资政策指南》(以下简称《OECD 指南》)中提出,OECD 各国政府在制定安全审查的相关规定时应当尽可能提高法律及相关信息的透明度和可预测性,审查机构应当采取政府内部监督、国会监督、司法审查等程序,重要决策应当由政府高层作出,以确保执行时的可问责性。并据此针对外资安全审查确立了四项基本原则,投资者的可救济性构成问责性原则的主要内容。[②]

---

① 参见贺海仁:《谁是纠纷的最终裁判者——权利救济原理导论》,社会科学文献出版社 2007 年版,第 83 页。

② See OECD:Recommendation of the Council on Guidelines for Recipient Country Investment Policies Relating to National Security.

综观相关国家关于外资国家安全审查制度的救济方式，主要有美式与欧式两种。美式的是以美国为典型的不可诉救济制度，在美国联邦体系下主要通过内部监督制度保障安全审查决定的公平合理。外国投资者对于国家安全审查作出的决定无法请求行政救济和司法救济，安全审查决定是终局不可逆的。欧式的是欧盟及其成员国建立的国家安全审查救济制度：在成员国层面，司法机关可以对国家安全审查机构作出的决定进行程序上和实质上的审查，外国投资者也有权向成员国法院提起行政诉讼。在欧盟层面，欧盟委员会可以通过欧盟法院的司法审查监督成员国的安全审查规范性文件及决定。

根据救济诉诸的主体不同，可以将外资国家安全审查救济途径分为诉讼救济与非诉讼救济两种。

诉讼救济，是指外国投资者通过提起行政诉讼，请求法院对外资安全审查机构做出的行政行为进行司法审查的制度。诉讼救济相对于行政救济中的非诉讼救济来说，是侵权关系外的第三方机构提供的司法审查。其审查力度和公正性相较于内部审查更加独立、触及核心问题。在实践中，司法审查存在实质性审查和程序性审查的区别。实质性审查对安全审查决定的合法性进行审查，而程序性审查仅对作出安全审查决定的程序是否合法进行审查。

非诉讼救济，是指外国投资者请求行政机关通过内部的审查监督保障其权利的救济途径。安全审查制度本质上是一项行政制度，所以在接受司法审查的同时，安全审查制度还应设置行政体系内部监督审查的救济方式。实践中，如果法律没有明确规定排除适用行政复议等非诉讼救济途径，外资国家安全审查行为作为一种行政行为应当参照一般的行政行为，适用东道国的行政救济制度。在行政制度中非诉讼救济途径主要包括复议、申诉、国家赔偿等制度。行政复议和申诉是在行政机关内部进行的，是向行政行为的本级或上级机关请求救济的行为。行政复议机关进行复议是行政监督审查职权的体现，对此每个国家的规定各有不同，如德、法等国的行政体系所规定的申诉、复议等制度，赋予了外国投资者在东道国安全审查程序中除行政诉讼以外的救济途径。而美国安全审查程序仅仅允许投资者在缓解协议的民事处罚中启动申诉机制。据美国外国投资委员会(CFIUS)年报显示,每年通过达成缓解协议完成的交易占被提起审查交易的12% ~13% 。[③] 缓解协议作为美国安全审查过程中最常用的并购促进手段,其性质类似于协商或调解,对于达成缓解协议后因履行不当而受到的处罚行为,外国投资者可以进行辩解与申诉。国家赔偿制度是外国投资者在安审过程中进行合法财产交易的保护制度,在外资安全审查中,安审否决决定仅能阻止并购交易的进行,并不能随意处置外国投资者合法获得的财产。在东道国作出禁止交易的决定后,应当允许外国投资者在合理期限内进行财产处置,东道国不得随意处置或非法征收外国投资者获得的合法财产。否则,东道国须给予外国投资者以赔偿。

二、外资国家安全审查的诉讼救济

欧盟与美国因法律制度的不同,在外资安全审查的诉讼救济方面有所区别。欧盟最大限度地赋予了外国投资者通过诉讼方式向成员国或欧盟法院请求救济的权利,而美国则排除了对安全审查决定提出实质性审查申请的可能,外国投资者仅可以通过联邦巡回法院对安全审查的程序性事项申请审查。

(一)欧盟的诉讼救济制度

欧盟体系内的外资安全审查的司法救济不仅从程序上和实质上都赋予了投资者救济权,更从成员国层面和欧盟层面双重保障了提起诉讼的可能性。2019年3月,欧盟通过了《建立外国直接投资监管框架条例》(Regulation Establishing a Framework for the Screening of Foreign Direct Investments into the Union, 以下简称《框架条例》),在这之前欧盟并没有统一的国家安全审查制

---

③ 参见CFIUS Public Annual Report,据CFIUS年报统计,2016年所有被审查的交易中采取缓解协议的占13%,2017年约占12%,2018年约占13%,2019年美国有231份交易被提起审查,其中28份采取缓解协议的方式促使交易完成,约占12%。

度或相关法律，仅通过《欧盟运行条约》(The Treaty on the Functioning of the European Union)对各个成员国的国际投资性文件及投资准入举措进行规制。但《框架条例》也仅是原则性规定，各成员国根据本国情况建立的国内外资国家安全审查制度仍可存在并发挥其效能。

由于存在双重救济制度，外国投资者可就成员国采取的安全审查裁决诉至该国国内法院或欧盟法院，以寻求程序和实体正义。目前已经建立安全审查制度的14个国家④中，法国和德国是国内救济途径较为成熟的代表。该两国允许本国法院对国家安全审查机关作出的决定进行程序上和实体上的审查，⑤赋予了投资者通过司法审查获得救济的权利。

1. 欧盟层面

《框架条例》从程序和实体就外资安全审查的基本范围和考量因素等方面作出了原则性规定，从欧盟层面对已经建立安全审查制度和还未建立安全审查制度的成员国进行规制和指导。欧盟外资审查框架建立起了“双轨制”审查模式，以成员国的国家安全审查制度为原则性审查机制，欧盟委员会的审查制度为辅助机制，且允许利益相关的成员国对投资交易相互评议，提交审查建议。此项立法的通过，是欧盟首次从联盟层面对各成员国外资准入进行规制，以提高联盟层面对外资准入进行平衡管控和协调效力。

《框架条例》通过之前，《欧盟运行条约》所要求的“资本自由流动原则”(free movement of capital)是各成员国在制定其本国外资并购安全审查制度时都要遵循的基本原则。《欧盟运行条约》第63条规定，在本章框架内，不可以限制成员国与成员国之间或者成员国与第三国之间的资本自由流动，即禁止限制外国资本在东道国内的投资交易活动。⑥ 其第65条规定，成员国制定

④ 截至2020年8月欧盟成员国内建立了外国直接投资审查框架的14个国家有(最后更新日期为2020年7月28日)：丹麦、德国、西班牙、法国、意大利、拉脱维亚、立陶宛、匈牙利、荷兰、奥地利、波兰、葡萄牙、罗马尼亚、芬兰。参见欧盟网，https://trade.ec.europa.eu/doclib/docs/2019/june/tradoc_157946.pdf，2020年10月1日访问。

⑤ 参见徐芳、张梦迪：《欧盟体制下的外国投资国家安全审查制度探析》，载《吉林工商大学学报》2015年第3期。

⑥ The Treaty on the Functioning of the European Union, Art. 63.

资本流动的申报程序或基于公共秩序、公共安全考虑采取的必要措施,不得构成对资本和支付自由流动的歧视或变相限制。⑦ 同时,根据《欧盟运行条约》,欧盟法院可以对违反资本流动原则或基于公共安全与秩序考虑采取的超过合理性的限制行为进行审查。

2000年"山达基教派诉巴黎案"(C-54/99,2000)⑧,欧盟法院就以法国政府违反《欧盟运行条约》中的资本自由流动原则,认定法国政府对山达基国际储备信托基金投资山达基教派的审查行为违法。同时,主张法国以严重危及法国公共安全利益为由作出的禁止决定也是违反欧盟基本原则的。因为,尽管《欧盟运行条约》允许成员国基于国家安全考虑对外资进入采取合理限度内的必要措施,但是必须严格控制在"合理限度"之内。2007年德国一项运行了47年之久的《关于大众有限责任公司股权转为私有法》也被欧盟法院裁定违反欧盟规定。欧盟法院认为,德国为了保护大众集团在财产紧张时不被外国资本兼并采取的措施,使得欧盟其他成员国不敢购入该公司股份,限制了欧盟境内资本的自由流动。

《框架条例》的出台对安全审查程序下的救济权虽没有大幅度改变,但是更加细化了相关条款,赋予投资者享有根据"资本自由流动原则"向欧盟法院提起司法审查寻求救济的权利。《框架条例》在其目的与原则中规定,各成员国建立本国的外资准入安全审查制度时应当遵循相称性原则和法律确定性原则。首先,程序的建立应当符合基本程序要求,如透明度、不歧视原则,安全审查制度所要保护的公共利益应当与基于国家安全所作出限制的程度相对称。其次,所有的法律制度应当可以被投资者提前获取,并且可以寻求司法救济。

《框架条例》创新性地提出了建立成员国之间的信息共享机制,允许其他成员国对交易成员国的外资交易提交意见书,在联盟体制内互相监督与保证

---

⑦ The Treaty on the Functioning of the European Union, Art. 65.

⑧ Association Eglise de scientologie de Paris and Scientology International Reserves Trust v. The Prime Minister, European Court of Justice, Case C-54/99, dated March 14, 2000.

成员国内的外资进入不会对欧盟利益及其他成员国国家安全产生不利影响。⑨ 该信息共享机制实质是一个欧盟层面的成员国共同的外资筛查机制，所有会引发欧盟成员国对国家安全担忧的外资交易都有可能被阻止。对于这个新型审查机制，《框架条例》提案中对第6条规定特别提出了程序透明度要求，及保障投资者可以对该筛查决定寻求司法救济的要求。⑩ 据此可以认为，欧盟对于每一项可能限制或影响投资者权益的制度，都会同步出台相应的救济制度，以保障投资者在权益受到侵害时，可以根据该规定请求救济。

该条例实施后，各成员国的国家安全审查行为与制度皆受到约束，外国投资者在成员国内无法获得有效救济时，可以以《框架条例》为依据对成员国的安全审查行为或决定请求欧盟法院进行程序或实体审查。

2. 成员国层面

(1)德国

德国联邦《对外贸易和支付法》[Foreign Trade and Payments Act, Außenwirtschaftsgesetz(AWG)]和德国联邦《对外贸易和支付适用条例》[Foreign Trade and Payments Ordinance, Außenwirtschaftsverordnung (AWV)]是德国外资准入审查的主要法律。以这两部立法为核心，辅之《民法》《商法》《反限制经济法》等相关法律规定为补充，构成了德国安全审查制度的基本体系。为了与欧盟层面规定相匹配以应对经济迅速发展带来的外资安全压力，德国在2017年、2018年接连对《对外贸易和支付适用条例》进行了修改。

德国对于安全审查的救济权在《对外贸易和支付适用条例》中作出了规定。联邦经济事务与能源部作出禁止收购的禁令或命令必须获得联邦政府的批准，对于该禁令投资者可提交行政法院进行审查。⑪ 德国外资安全审查

⑨ 《新框架条例》第6条、第7条、第8条、第9条。

⑩ European Commission: Proposal for a Regulation of the European Parliament and of the Council establishing a framework for screening of foreign direct investments into the European Union, p. 12 – 13(2017).

⑪ Foreign Trade and Payments Ordinance (59).

制度的基本原则与欧盟层面保持一致,不仅遵循欧盟层面的可诉制度,在国内层面也赋予了投资者通过诉讼途径维护自身合法权益的权利。当交易方对联邦经济事务与能源部作出的否决并购决定或附加限制条件的裁决有异议时,可以向作出决定的机关所在地(柏林)行政法院提起行政诉讼来维护自己的合法权益。⑫ 根据联邦经济事务与能源部的《有关"对外贸易和支付法"和"对外贸易和支付条例"下外资审查常见问题》中的解答,⑬对于联邦经济事务与能源部作出的决定或者以行政命令形式对交易附加条件的措施,都可以在行政法院接受质疑。不仅包括禁止决定和限制条件,还包括该部启动审查的决定,该措施属于具体行政行为。⑭

(2)法国

2019年法国公布了一份《在法外商投资年报》,其中提到2019年法国是欧洲国家中最受外国投资者欢迎的国家。法国之所以如此吸引外国投资,其近年来为外国投资者提供的各种倾斜措施及完备的司法救济程序是主要原因。法国对外资审查的机制相较于欧盟其他成员国较为严格,该机制由"2005-1739号法令"制定,后编入《法国货币与金融法典》(French Monetary and Financial Code)第R153条。随着欧盟《框架条例》的颁布,法国于2019年12月31日对该部分规定予以修改,并纳入第R151条。⑮

法国《货币与金融法典》中没有直接规定外资安全审查的救济程序,而是决定适用《法国行政法典》。法国成熟的行政法院体系,赋予任何自然人或法人都可以就对其产生直接影响的行政决定向行政法庭寻求救济。在法国国

---

⑫ 参见王小琼:《西方国家外资并购国家安全审查制度的最新发展及其启示》,湖北人民出版社2010年版,第227页。

⑬ FAQ on investment screening under the Foreign Trade and Payments Act (AWG) and the Foreign Trade and Payments Ordinance (AWV), https://www.bmwk.de/Redaktion/EN/FAQ/Aussenwirtschaftsrecht/faq-aussenwirtschaftsrecht.html,2022年8月15日访问。

⑭ Code of Administrative Court Procedure.

⑮ French Monetary and Financial Code , https://www.legifrance.gouv.fr/codes/texte_lc/LEGITEXT000006072026? etatTexte=VIGUEUR&etatTexte=VIGUEUR_DIFF,2020年8月28日访问。

家安全审查机制下,交易双方当事人可以就审查机关作出的否决交易的决定,向法国行政法院提起诉讼,行政法院将对审查决定进行程序性和实质性的全面审查。[16] 同时,为保障投资者完整的救济权利,法国允许投资者对经济部长作出的禁令决定向法院寻求司法救济,同时投资者也可以违反资本自由流动原则为由,向欧盟法院提起诉讼。

(二)美国的诉讼救济制度

美国对于行政机关作出的行政行为,赋予行政相对人的救济制度包括司法审查和行政裁决(包括正式程序裁决与非正式程序裁决)。[17] 行政相对人认为行政机关的行为对其产生不利影响,享有诉至联邦法院,请求对该行政行为的合法性、合宪性和合理性进行全面审查的权利。司法审查的主体包括联邦地区法院、联邦上诉法院、联邦最高法院以及独立的州法院,按照层级上级联邦法院分别对下级联邦法院享有上诉管辖权。司法审查主要针对事实问题及法律问题进行审查。法院将根据被诉行政行为是否存在实质性违法、程序性违法,是否侵犯公民的宪法权利,行政行为的做出是否有事实依据等标准,对被诉行政行为进行审查。至于行政裁决,由于美国联邦行政程序法规定,只有在其他法律规定依照正式听证作出裁决的时候才适用联邦行政程序法规定的裁决程序,如果其他法律没有规定听证,或者只规定行政机关作出决定时必须举行听证,没有规定必须根据听证记录作出裁决,这种裁决不是正式程序裁决,不受联邦行政程序法约束。[18] 因此,美国的安全审查决定不能适用正式程序裁决救济。

就法理而言,美国外资国家安全审查行为作为一种行政行为,应当受到司法审查的限制和监督。但是美国 1988 年《埃克森—弗罗里奥修正案》明确规定,总统的判断和决定不受司法审查,[19]将总统对安全审查作出的决定排除

---

[16] French Monetary and Financial Code. L. 151 - 1、L. 151 - 2.

[17] 参见王名扬:《美国行政法》(上、下),北京大学出版社 2016 年版。

[18] 参见王名扬:《美国行政法》(上),北京大学出版社 2016 年版,第 313 页。

[19] Omnibus Foreign Trade and Competitiveness Act of 1988, Public Law 100 - 418 - AUG, 1988, Sec. 5021(d) (2).

在司法审查范围之外。此法案奠定了美国国家安全审查制度的不可诉性,此后无论是在《埃克森—弗罗里奥修正案》基础上修改出台的《伯德修正案》,还是2007年出台的《外国投资与国家安全法》(Foreign Investment and National Security Act of 2007,FINSA),都延续了此条的规定。2007年FINSA规定,总统对一项外资并购是否威胁美国国家安全的裁定以及采取的相应措施不受司法审查(judicial review)。

2013年10月,中国三一重工集团关联公司Rails公司诉CFIUS案开启了投资者通过正当程序进行司法救济的新思路,并引发了2018年《外国投资风险评估现代化法案》(Foreign Investment Risk Review Modernization Act of 2018,FIRRMA)中加强了CFIUS对外进行合理信息披露的责任,赋予哥伦比亚特区巡回上诉法院对外资国家安全审查起诉案件的排他管辖权的改革。[20]

2012年10月1日,Rails公司向哥伦比亚特区联邦地方分区法院起诉美国总统奥巴马作出的并购禁令违反"正当程序原则"和"721条款"。CFIUS以"721条款"抗辩称,总统作出的国家安全审查决定不可诉,法院不具有管辖权;且根据"政治问题原则"国家安全审查决定属于政治问题,应由行政机关处理。2013年3月2日,地区法院驳回Rails公司诉求。2013年3月16日,Rails公司向哥伦比亚特区巡回上诉法庭递交了上诉申请。

在上诉过程中,哥伦比亚特区巡回法院支持了Rails公司的诉因。此案是美国确立国家安全审查制度以来,第一次由美国司法机关对国家安全审查制度下"总统决策不受司法审查"和"政治问题原则"作出法律意义的阐释。美国巡回法院认为,其一,"721条款"赋予总统决策不可诉的权力,仅针对决策本身及内容,而其决策作出的程序应受《联邦宪法第五修正案》关于"正当程序"的约束。[21] 其二,CFIUS抗辩援引"政治问题原则"排除法院管辖权也不成立。因为,Rails公司并没有要求审查国家安全问题本身,仅是要求美国总统公开作出决策的依据,此项权利属于"正当程序"赋予的知情权。其三,

---

[20] See FIRRMA SEC. 1715. Judicial Review.

[21] See Ralls v. CFIUS, p. 15 – 16.

Rails v. CFIUS 案还提出了对其财产权的经济补偿问题。因为 Rails 公司并未通过安全审查,CFIUS 认为其并购行为获得的财产不合法,从而 Rails 公司无法获得 CFIUS 否决其交易产生的经济损失的补偿。联邦法院在此事项认定上推翻了一审法院的判决,接受安全审查并不是交易行为合法的构成要件,Rails 公司获得财产的方式符合美国宪法规定。故,因总统对交易的否定裁决而遭受的损失,也应当获得适当的经济补偿。哥伦比亚联邦上诉法院在此案中的审判依据说明,CFIUS 对于国家安全审查排除司法审查的法律规定,仅限于安审决定本身,作出安全审查决定的过程,仍应当按照普通行政行为接受司法审查的监督。

此案的实践也为 2018 年的 FIRRMA 提供了新思路。FIRRMA 虽然认可 CFIUS 针对外资并购安全审查作出的决定享有司法审查豁免权,但同时允许交易方就 CFIUS 的裁决或者决定的合宪性向法院提起申诉。同时,也限定只是主动申报或者提交声明的交易方才有权在收到 CFIUS 的决定后向哥伦比亚特区联邦上诉法院申诉,而且该法院仅有权根据行政文件书面审查程序确定相应的裁决、决定或者发回重审。并且,FIRRMA 规定 CFIUS 应当在不泄露投资者商业秘密的前提下,将审查相关信息、行政程序性事项向国内外政府及民众公开,接受公众监督。安全审查制度法律文件及审查结果的信息统计等的充分公开是投资者了解安全审查决定作出依据的来源。投资者以及公众通过 CFIUS 公开的信息获知具体交易被否决或通过的关键原因,一是可以让投资者通过公开信息进行外部监督,二是通过信息披露制度的方式从外部促进内部制度自省自查。

三、外资国家安全审查的非诉讼救济

从外资国家安全审查的行为属性上分析,作为一项行政行为,其不仅仅存在司法机关的诉讼救济途径,行政复议等类似的行政程序中的救济方式也为安全审查救济提供了途径。安全审查制度可参照适用东道国内的行政程序适用其他的救济途径,除非东道国法律明确排除适用。行政复议、申诉等制度发生在行政机关内部,使投资者通过向本级或上级行政机关申请改变错误的行政决定,以减少或弥补带来的损失与伤害。所以外国投资者可以充分利用东道国内的行政制度来保护自身权益,相对于诉讼方式,行政复议、申诉等制度可减轻外国投资者的诉讼负担和经济压力。东道国利用本国成熟的行政体系为外国投资者救济权利保驾护航,既可以促进外国投资者对东道国行政制度的熟悉与遵守,也可缓解单独建立救济制度的立法压力和人员紧张等问题。

(一)欧盟成员国的非诉讼救济制度

《框架条例》下欧洲议会国际贸易委员会建议将救济的途径扩大至包括成员国监管部门救济和司法救济两种类型。因此,《框架条例》规定,外国投资者和被投资方有权针对成员国监管部门的审查决定寻求救济,从而将行政救济和诉讼救济均涵盖在内。

1. 德国

在德国《对外贸易和支付法》和《对外贸易和支付条例》中没有安全审查程序排除适用行政制度的规定,且参考德国联邦经济事务与能源部在《有关"对外贸易和支付法"和"对外贸易和支付条例"下审查外资常见问题》中对安审决定可否采取司法审查的解答,㉒可以看出德国将安全审查决定参照国内行政行为,接受行政审判的约束。㉓ 同时,在《对外贸易和支付条例》中规定,在安全审查过程中对于属于行政犯罪范畴的行为,参考适用德国《行政犯罪法》。由此可见,德国安全审查程序作为一种行政程序,可以适用《德国行政法》中的相关规定。

㉒ FAQ on investment screening under the Foreign Trade and Payments Act (AWG) and the Foreign Trade and Payments Ordinance (AWV), https://www.bmwk.de/Redaktion/EN/FAQ/Aussenwirtschaftsrecht/faq-aussenwirtschaftsrecht.html,2022年8月15日访问。

㉓ 参见[德]奥托·迈耶:《德国行政法》,刘飞译,商务印书馆2002年版,第138页。

《德国行政法》规定，对于当事人认为行政机关的行为侵犯或者遗漏了其合法权益，那么该当事人即享有在行政程序中获得法律救济的权利。《德国行政法》赋予了当事人异议权、诉愿权（申诉）和复议的权利。当事人可以向能够提供救济的行政机关提交请求，如果是向作出行政行为的原机关提出，则属于异议；若是向其上级机关提出，则是诉愿（申诉），这两级的救济程序被合称为行政复议程序。[24] 德国排除行政诉讼以外的行政救济遵循两级审查制度。受害方可以在收到行政决定及其诉讼权利时限告知书之日起一月内，向作出行政行为的本级机关提出异议。如果原机关认为异议成立，则应当采取补救措施并进行赔偿；如果原机关认为异议请求不成立，则应当提交至上级机关审查。[25]

德国行政复议制度发展经历了很长的时间与改革措施，从最开始的行政复议作为行政诉讼前置程序，到后面取消前置要求，允许各州根据自身情况改革甚至取消行政复议制度。因为德国是典型的诉讼类型国家，对行政诉讼的重视程度高于行政复议，但对于投资者来说，多样化的救济途径可更全面地发挥权利保障的功能。

2. 法国

法国也将安全审查制度作为国内行政程序的一部分，受行政制度约束。在《货币与金融法典》中没有规定排除适用法国国内行政制度的情形下，投资者可以利用法国国内的行政救济制度。

法国在法国大革命时期《人权宣言》中引申出行政法的基本原则，要求行政机关的行为应当符合行政法治原则。[26] 对于违法的行政行为，法国规定了司法制裁和行政制裁。司法制裁是指诉至行政法院，请求对违法的行政行为进行审查并对行政相对人的损失进行补偿；行政制裁是指根据当事人请求或

---

[24] 参见［德］奥托·迈耶：《德国行政法》，刘飞译，商务印书馆2002年版，第129页。

[25] Code of Administrative Court Procedure. Section 68 – 74.

[26] 行政法治原则的内容包括：(1)行政行为必须有法律依据；(2)行政行为的目的、手段、程序必须符合法律规定；(3)行政机关应当采取积极行为保证法律规范的实施；(4)违法的行为应当受到制裁。参见王名扬：《比较行政法》，北京大学出版社2006年版，第27～31页。

主动由做出行政行为的原机关或上级机关撤销或变更该违法行为。㉗ 此两种对行政机关的制裁对应至行政相对人的救济手段,即为诉讼救济和诉讼外的救济。行政诉讼上文已经论述,此处主要论述对行政机关的行政制裁,即非诉讼救济。

法国的非诉讼救济包括议会救济、行政救济和调解专员制度。议会制度是指行政相对人就因行政行为受到的侵害,请求本区议员在议会中向政府提出。这种救济在实践中可操作性不强,甚至被议员作为选举的行政工具。

法国的行政救济对不同机关当事人可采取的不同救济方式。法国将对原行政机关提出的救济申请称为善意的救济(Le recourse graeieux),将对做出行政行为的上级机关提出的救济申请称为层级的救济(Le recourse hiérachique)。法国认为,这两种救济都属于行政相对人理应享有的权利,不需要明文规定就应当赋予,但如果要排除善意的救济,则应当在法律、法规中予以明确规定。对于当事人的救济申请,行政行为的作出机关可以维持原决定或者撤销原决定。上级机关可以撤销、废止或者变更原行政机关的决定,也可驳回当事人的申请,维持原决定。

《法国行政法》在发展与借鉴中提炼出了一种特殊的行政救济制度,即调解专员制度。当事人在请求行政机关撤销原错误行政行为之后,对行政机关的处理结果不满意的,可以请求国会议员转送申诉案件于调解专员。调解专员可以更加公正合理地处理当事人的申诉请求。虽然不能决定行政行为是否违法而采取撤销或变更之权,但调解专员可通过调查权和调停权,结合法律事实与依据,说服行政机关修改不合理决定,调解争议。当行政机关不接受调解时,调解专员也可发出正式建议,甚至报告国会。

对于投资者来说,利用行政程序中的当然救济权利,实践性更强一些。国家安全审查制度因其特殊的商业交易属性与政治属性,请求调解专员调查可能会经历较长的调查期限,可能使投资交易面临不稳定的经济波动或损

㉗ 参见王名扬:《比较行政法》,北京大学出版社2006年版,第27~31页。

失。相比之下,与承担外资国家安全审查职能的经济部长直接沟通,既可以缩短调查时间,也可以将争议化解在双方可接受的范围内,甚至促进并购交易的完成。

从制度形式上看,德国与法国均设立了独立的行政法院,专门处理行政诉讼案件。但两者性质不同,法国的行政法院属于行政系统,仅处理行政诉讼案件,而德国行政法院实际上还是司法部门,与行政机关分立。㉘ 德国与法国的行政机关虽然都处理行政诉讼,但是其机关性质的不同,决定了救济途径的属性不同。我国的行政制度其实与德国更为相近,我国并没有建立独立的行政法院,只是将行政诉讼案件分给行政法庭审理。所以如果我国赋予外国投资者利用我国行政制度对安全审查制度采取救济措施的权利,可参照德国的立法规定,充分利用我国行政复议制度,为外国投资者发布相关指南,可以减轻单设救济部门、建立工作机制的负担。

(二)美国非诉讼救济

美国在安全审查决定作出的程序中没有赋予投资者申诉或控告的权利,且明确规定总统关于安全审查采取的行为或作出的裁定不受司法审查。因为美国外资国家安全的审查权与决定权最开始是赋予总统的,对于总统决定的司法审查豁免一直延续到现在的法案中。所以,总统决定的不可诉,即代表了安全审查制度的不可诉。

但是,美国行政裁决制度为安全审查提供了非诉的救济途径。行政裁决就其采取的程序正式化程度分为正式程序裁决和非正式程序裁决。正式程序裁决只有在相关法律中规定依照正式听证作出裁决时才适用,导致安审制度无法适用。而非正式程序裁决在美国行政法中没有明确规定,但在实践中大量适用。根据美国行政法原则性条款及宪法的正当程序原则,一切对当事人不利的决定,必须保障其事先得到通知的权利及提出意见的机会,决定必须说明理由。㉙ FIRRMA 中提出 CFIUS 应当在不泄露投资者商业秘密的前提

㉘ 参见吴晓静:《法国行政复议制度给我们的启示》,载《唐山学院学报》2003 年第 3 期。

㉙ 参见王名扬:《美国行政法》,北京大学出版社 2016 年版,第 430 页。

下,将审查相关信息、行政程序性事项向国内国外政府及民众公开,接受公众监督,此条也为美国行政法行政程序公开原则所要求。在FIRRMA之前,CFIUS极力排除司法审查对安全审查行为的监督与限制。为了填补司法救济的缺陷,CFIUS丰富了各项保障措施,为投资者提供审查前磋商和审查中减缓风险的各种救济措施。此类措施其实就是非正式程序裁决的体现,虽不采取正式的听证程序,但也给予当事人一个非正式的陈述意见的机会。风险缓和程序是国际上比较认可的并购交易促进措施,有利于消除东道国对该并购交易的安全因素的担忧,同时东道国也可以定期监督保障缓解协议的有效实施。美国在风险缓解程序中"缓解协议"的民事处罚中明确允许投资者对其认为不合理的处罚提交申诉报告的权利。顾名思义,缓解协议就是为缓解被审查的并购活动对美国国家安全造成的隐患,与投资者约定为或不为的附加条件,以换取美国政府批准其收购行为而签订的协议。为了最大限度地保障美国国家安全与投资者的权益,缓解协议是CFIUS最常采用的促进并购的手段。CFIUS或牵头机构与投资交易方达成协议并负责监督实施,以减轻该交易对美国国家安全的威胁,而投资并购交易也可不因安全审查而被否决。CFIUS也会定期审查签订的缓解协议或条件,当威胁不存在时,可以终止、取消或修改该协议。当投资者不符合或不遵守协议条款时,可以单方面启动处罚或审查程序。投资者受到民事处罚的,可在收到处罚通知的15日之内,向CFIUS提交一份书面的申诉报告,对被处罚行为进行辩解或解释。但这种申诉的权利救济制度是仅针对民事处罚设立的,并不通用于安全审查制度中的其他程序。且这种申诉制度存在一定的瑕疵,申诉依旧由CFIUS处理,并没有提供其他可申诉主体。[30]

美国的缓解协议申诉仅是在安全审查制度下的某一个小程序内的救济权,对东道国来说,减轻了很多工作压力,但对于投资者来说,无疑是基本上关上了求助的大门。从法理角度分析,救济权的体现较为薄弱。

---

[30] 参见王小琼:《西方国家外资并购国家安全审查制度的最新发展及其启示》,湖北人民出版社2010年版,第208页。

四、结论

从社会发展的早期至今，权利救济的类型也从私力救济过渡到公力救济，救济成为实现权利的必要保障手段。[31]“无救济则无权利”打破了以人权天赋为主要思想的权力与权力的二元体系，提出公民的权利不是通过抵制国家的干涉实现的，而是要求国家通过法律来保障公民的权利。权利是救济存在的前提，救济是权利充分行使的保障。权利是体现在法律中的，因而救济也应体现在法律中。法律应当对救济的途径、制度、资格等加以规定，形成一个权利救济的机制，确定行政机关的行政责任，给予投资者司法救济或行政救济的机会。

如果没有权利救济，特别是对公权力侵害的救济，整个权利的大厦必将倾覆，整个国家的法律制度必将名存实亡，而整个人类必将苟活于专制与恐怖的黑暗世界里。[32]行政救济作为法律救济的一种，是为对行政机关公权力侵害的救济，主要表现为对行政主体行使行政职权予以限制，并构建相应的救济渠道以保障公民的权益在受到公权力的侵害时存在救济可能。具体到安全审查制度中，则表现为防止安全审查机构滥用职权做出的限制及构建的若干救济途径。

美国和欧盟作为世界上较大的外资输入国，其外国投资审查的制度发展已久。制度体系较为完善，具有可借鉴性。美国自 1975 年就组建形成了以 CFIUS 为行政中心的完整的外资国家安全审查体系，确定了不同成员机构的各自分工。国会对 CFIUS 进行的定期监督和信息披露，以及主要部门高层对

---

[31] 参见郑立俊、韩震：《我国行政救济制度的法理分析》，载《山西省政法管理干部学院学报》2010 年第 3 期。

[32] 参见李卿：《行政补偿司法救济制度建构的理论支点》，载《哈尔滨学院学报》2017 年第 2 期。

决策的责任机制,三方联动形成了美国国家安全审查制度从决定作出前到决定形成中,再到决定作出后一系列的权利监督制约机制。[33] 但由于美国"721条款"明确禁止对总统的命令进行司法审查,同时,"政治问题原则"禁止法院衡量国家安全问题。[34] 对于司法与政治问题之间的排除适用问题,外国一些学者也提出了不同的关注点,认为对于国家安全审查的司法监督应当更多地考虑国家安全的平衡。[35]

与美国的国会监督不同,欧盟的一些成员国大多采取司法监督的方式。外国投资国家安全审查机构大多属于行政机构,那么他们做出的行为本质上属于行政行为,可以通过司法手段获得救济。法国就支持投资者在审查部门做出不准并购的决定时,拥有向行政法院提起上诉的权利。若投资人认为该不批准行为违反了欧共体条约,也可以向欧盟法院提起诉讼。德国也赋予了并购双方当事人向行政法院提起撤销之诉的权利。若外国投资者对审查决定不满的,可向柏林行政法院提起诉讼。[36]

2018年与2019年,美国与欧盟相继对其安全审查依据法案进行了改革。作为世界投资流入量大国,美国与欧盟建立了严格周密的外资安全审查制度。且美国与欧盟采取了两种风格迥异的救济模式,历时良久,发展过程中融合了其国家文化特点与外资取向,是目前成熟经济体的典型代表。通过对欧盟与美国安全审查救济制度的研究与分析,可见美国与欧盟选择了司法救济与内部审查两种不同的救济制度,并且结合其国内相应的制度发展。美国选择排除对安全审查决定的司法审查,但同时美国相应地建立了以国会为中心的内部审查监督制度,并辅以风险缓解程序等制度保障外国投资者在安全

---

[33] 参见漆彤:《美国外资并购安全审查制度的最新发展及其借鉴》,载《河南省政法管理干部学院学报》2009年第2期。

[34] 参见赵海乐:《论外资并购国家安全审查中的投资者保护缺失——以三一集团诉奥巴马案为视角》,载《现代法学》2016年第4期。

[35] Christopher M. Fitzpatrick, *Where Ralls Went Wrong: CFIUS, the Courts, and the Balance of Liberty and Security*, Cornell Law Review 101.4 (2016): 1087.

[36] 张怀岭:《德国外资并购安全审查:改革内容与法律应对》,载《德国研究》2018年第3期。

审查制度中的权利。欧盟则选择了以司法审查为保障的救济手段。这两种制度间各有利弊,分别展示了司法外部监督和行政机关内部监督,在国家主权与投资者救济之间做出的取舍。

《上外贸涉外法治论丛》(第1卷)
第22~49页

公共健康危机背景下的一般例外条款：归因、解释与创新*

梁　咏** 　赵浩谷***

为遏制新型冠状病毒疫情(以下简称新冠疫情)的持续蔓延,各国纷纷采取应对公共卫生危机的紧急措施和特别政策。不少国家所采取的宣布进入紧急状态、封锁边境、限制出行、贸易禁令等措施对经济和社会秩序产生了重大影响。

受损的经营者和相关国家可能运用法律工具针对采取管控措施的国家启动争端解决程序,要求有关国家取消或放宽管控要求,并对损失予以分担或补偿,而采取管控措施的国家可能援引一般例外条款甚至是安全例外条款寻求其措施的正当性和义务豁免。由于新冠疫情这场公

---

* 本文是作者主持的2020年度国家哲学社会科学后期资助项目"大数据时代信息安全保障机制研究"(20FFXB069)和2020年度上海市哲学社会科学一般项目"后疫情时代国际投资争端调解机制的中国创新研究"(2020BFX020)的阶段性研究成果。

** 复旦大学法学院副教授,法学博士,主要研究方向是国际投资法和国际贸易法。

*** 复旦大学法学院法律硕士研究生,主要研究方向是国际经济法。

共安全危机的高度不确定性，①加之现行国际法中对一般例外原则和公共安全危机的规定都存在较大的模糊性，在具体争端解决程序中，对管控措施的正当性和相称性等诸多问题的判断上可能会产生明显争议。在公共安全危机背景下各国对此采取的各类管控措施的归因、解释和证成对脱胎于《关税与贸易总协定》(General Agreement on Tariffs and Trade，GATT)第20条的一般例外原则也可能产生重大挑战。

一、一般例外原则：起源、发展与建构

GATT和世界贸易组织(World Trade Organization，WTO)的缔造者为了平衡其所追求的贸易自由化的目标和必须捍卫的成员方的基本利益，②允许WTO成员方援引GATT第20条(一般例外)、③GATT第21条(安全例外)以及GATT第35条与《马拉喀什建立世界贸易组织协定》(Marrakesh Agreement Establishing the World Trade Organization，WTO Agreement)第9条(豁免条款)等例外条款，为其可能采取的背离WTO项下义务的措施寻求正当化理由，④其中GATT第20条成员方可以出于保护公共健康和环境、公共秩序、公共道德、文化遗产等的考虑，在非武断和非歧视的前提下采取必要的管制措施，为成员方贸易政策与公共政策自由裁量权的平衡提供了张力，也在区域贸易协定(Regional Trade Agreements，RTAs)中被广泛接受。近年来，随着国

① 此前，因新冠病毒潜伏期长、传播途径多、变异速度快、没有特效药、疫苗可得性和可负担性受限，且疫苗本身的有效性和有效时间有待实践检验等多因素影响下，对新冠疫情的可控性、管控措施的有效性和相当性等诸多问题，各国未达成共识。

② 参见梁咏：《论国际贸易体制中的安全例外再平衡》，载《法学》2020年第2期。

③ GATT第20条(一般例外)规定："在遵守关于此类措施的实施不在情形相同的国家之间构成任意或不合理歧视的手段或构成对国际贸易的变相限制的要求前提下，本协定的任何规定不得解释为阻止任何缔约方采取或实施以下措施：(a)为保护公共道德所必需的措施；(b)为保护人类、动物或植物的生命或健康所必需的措施……(g)与保护可用尽的自然资源有关的措施，如此类措施与限制国内生产或消费一同实施……"

④ See Petros C. Mavroidis et al., *The Law of the WTO*, St. Paul, MN: West, 2013, p.41.

际投资法领域对更平衡的投资规则特别是对东道国政府正当管制权的关切，晚近达成的国际投资协定(International Investment Agreements, IIAs)多纳入了一般例外条款,具体统计见图1。⑤

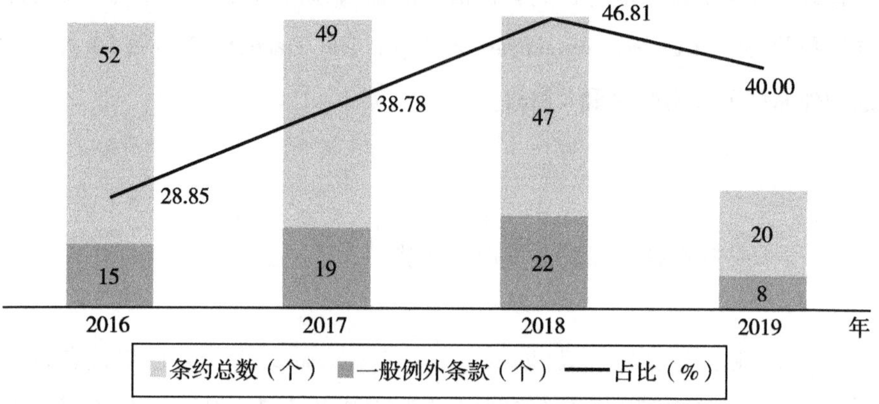

图1　一般例外条款在国际投资条约中的设立情况

2018年《美墨加三国协议》(The United States-Mexico-Canada Agreement, USMCA)、2018年《全面与进步跨太平洋伙伴关系协定》(Comprehensive and Progressive Agreement for Trans-Pacific Partnership,CPTPP)、2019年《美日贸易协定》、2020年《区域全面经济伙伴关系协定》(Regional Comprehensive Economic Partnership,RCEP)中均纳入了一般例外条款。绝大部分IIAs和RTAs中纳入的一般例外条款虽然或多或少均有GATT第20条一般例外的痕迹,少数双边投资条约(Bilateral Investment Treat,BIT)对所涉公共利益事项还有一定扩展。⑥

根据对联合国贸易和发展会议(United Nations Conference on Trade and Development,UNCTAD)官方网站上可查询的2575份IIAs进行的统计,囊括一般例外条款的IIAs共有241份,含有针对公共健康与环境的一般例外条款

⑤ 笔者自行统计的条约包括BIT与自由贸易协定,关键词限定“general public policy exceptions”项下的“public health and environment”,统计条约为签署尚未生效,数据来自https://investmentpolicy. unctad. org/international-investment-agreements/iia-mapping (2020/7/2)。

⑥ 比如2012年中国—加拿大BIT中纳入了文化多样性。

且在序言部分强调对人权、健康、劳工权利保护的IIAs共有57份，其中现行有效的为43份，以下讨论基于该43份IIAs展开。⑦

（一）基本要素

针对前述43份IIAs分析可得，其中的一般例外条款通常含有三类要素：第一，明确追求的保护人类、动植物、健康和自然资源等政策目标，多采用穷尽式列举；⑧第二，措施与目的之间的关联度要求，通常用"必须的"（necessary）、"相关的"（relating to）和"设计并应用"（designed and applied for）等词语进行规定；第三，措施应符合非歧视（non-discrimination）和不武断（non-arbitrary）的要求。除专门的一般例外条款外，追求的公共健康等政策目标可能在序言、间接征收例外或特殊争端解决机制等条款中体现、印证或衔接。尽管序言本身并没有强制法律效力，但是序言可以为IIAs实体条款的解释提供指导，在证明政府所采取的相关措施的正当性，以及平衡投资者利益与东道国利益时，很可能需要将序言条款和间接征收例外条款配合使用。⑨

（二）限制性要求

近年来，签署的IIAs中除了比以往更多地纳入一般例外条款，还更加重视程序规则。譬如2002年日本—韩国BIT第16条第1款将安全例外和一般例外并列，允许缔约方为保护人类、动植物的生活或健康采取"任何必要措施"（any measure necessary），而后在紧接着的d项中又明确对缔约方政府在

---

⑦ 笔者自行统计截至2020年的IIAs，关键词限定"Preamble"项下的"Reference to social investment aspects (e. g. human rights, labour, health, CSR, poverty reduction)"与"general public policy exceptions"项下的"public health and environment"，数据来自 https://investmentpolicy.unctad.org/international-investment-agreements/iia-mapping。

⑧ 以2008年《中国—新西兰自由贸易协定》第200条为例，规定"并入本协定的GATT1994第二十条第（二）项及GATS第十四条第（二）项采取的措施可包括为保护人类、动物或植物生命或健康所必需的环境措施，并入本协定的GATT1994第二十条第（七）项适用于保护生物及非生物的不可再生自然资源的措施，但这些措施的实施不应构成恣意或不合理的歧视手段，或对货物或服务贸易或投资构成变相的限制"。

⑨ 参见张庆麟主编：《公共利益视野下的国际投资协定新发展》，中国社会科学出版社2014年版，第113页。

a-c 项中的自由裁量权予以了限制,以“只有对维持社会基本利益构成真正和足够严重的威胁(a genuine and sufficiently serious threat)的情况下,才能援引公共秩序例外”这一兜底性条款对缔约方政府的自由裁量权进行限缩,⑩在未来可能发生的争端解决程序中给第三方(如仲裁庭)留下了裁判的空间。不仅如此,在之后的第4款中还对缔约方政府采取相关措施前的通知义务作了明确要求,要求缔约方政府应在生效之前或生效后尽快(prior to the entry into force of the measure or as soon thereafter as possible)将该措施的内容通知另一缔约方,⑪尽管“尽快”等措辞强调的是“最大努力”要求,依然具有较大的弹性,但是其对措施内容的详细要求可以限制缔约方可能的滥用行为。

(三)IIAs 中的一般例外条款模式

1. 集中式条款

加拿大是经济合作与发展组织(Organisation for Economic Co-operation and Development,OECD)国家中唯一将一般例外条款纳入BIT范本的国家,其2004年BIT范本第10条基本“移植”了GATT第20条中的部分条款,规定缔约方可以为(a)保护人类、动物或植物生活或健康,(b)确保与本协定规定不相抵触的法律或法规得到遵守,(c)保护生物或非生物的可用竭自然资源,在不对投资或投资者之间构成武断或不合理的歧视,或者对国际贸易或投资构成变相歧视的前提下,可以采取或实施必要(necessary)措施。实际上加拿大在1991年签署的36份BIT中,除了与俄罗斯、匈牙利、波兰、阿根廷四国签署的BIT外,均含有一般例外条款。⑫2014年加拿大与欧盟签署的《综合性经济贸易协议》(Comprehensive Economic and Trade Agreement,CETA)第32章(例外)第10条第2款中纳入了类似GATT第20条的规定,对必要措施

---

⑩ 2002年日本—韩国BIT第16条第1款a项和b项规定了安全例外的情形,c项规定“为保护人类、动植物生命或健康采取的必要措施”。

⑪ 需要通知的信息包括:(a)部门和分部门或事项、采取措施所依据的义务或条款、该措施的合法来源或授权、对措施的简要说明……(e)该措施的动机或目的。

⑫ Model Canadian BIT of 2004, Article 10; Canada-Peru BIT of 2007, Article 10(c); Canada-Colombia FTA of 2008, Article 2201, 3(c); Peru-Singapore FTA of 2008, Chapter 10, Article 10.7(3)(c); Canada-Jordan BIT of 2009, Article 10(1); Canada-Peru FTA of 2009, Article 2201, 3(c).

的目的进行了穷尽式列举，并且要求公共安全和公共秩序例外条款必须在社会的基本利益（fundamental interests）受到真实和足够严重的威胁（genuine and sufficiently serious threat）的情形下才能适用。

2. 分散式条款

美国 BIT 文本以及 USMCA 对公共利益相关事项的规定呈现在多个条款中，譬如 USMCA 将有关环境、劳工等问题的公共秩序条款呈现为“序言 + 不减损条款 + 例外条款 + 例外之例外 + 特殊争端解决机制”的网格化、体系化模式。⑬ 相比集中式条款，分散式条款的规定更加细密。

二、公共健康卫生危机对一般例外条款内涵的新需求

一般例外条款是 GATT 和 WTO 规则中极其关键的条款，其给缔约方提供了为了维护必要的公共秩序暂时性背离 IIAs 项下义务的可能性。但是如何平衡这两项内容至为关键，既不能太限缩，否则就会挤压东道国政府的正当规制权，但也不能太宽松，否则东道国就可能出于商业目的采取相关投资保护措施。因此一般例外条款不仅需要在设计理念、文本规定中对投资者保护和东道国正当规制权进行平衡，更需要在实践中对一般例外条款进行适当解释和证成。一方面，一般例外条款将公共道德、公共健康、可用竭的自然资

---

⑬ 以 USMCA 为例，对环境问题的体系化规定具体表现为：（1）序言明确保护合法公共福利目标是成员国的固有权利（inherent right）；（2）不减损条款体现在 USMCA 第 24.4.3 条中，规定各国不应为鼓励贸易或投资，以削弱或降低保护的方式实际或提出放弃或减损其环境法，这种不减损条款又称不得回退条款或棘轮条款，要求成员国对环境法标准只能提高不能降低；（3）例外条款，USMCA 第 14.16 条规定投资章节中的任何规定不得被解释为组织成员国制定、维持或实施“其认为”（it considers）适于保证投资活动以通过对环境目标“敏感”（sensitive）方式采取的措施，同时规定了国民待遇与最惠国待遇、间接征收、履行要求禁止的例外；（4）USMCA 对东道国可能对环境规制权的滥用也做了限制，比如附件 14 – B 第 3 条 b 项对间接征收条款仅仅规定了措施目的和非歧视性两方面内容，但是正当程序、合理期待和比例原则等因素语焉不详；（5）涉环境事项的争端解决特殊安排，USMCA 环境章节规定就该章节引发的任何争议应当通过普通磋商、环境委员会级的磋商以及部长级的磋商三层予以解决，只有三层磋商均无法奏效后，争端方才可以启动 USMCA 第 31 章项下的一般争端解决程序。

源等多个宽泛事项纳入其中,经常被质疑涵盖内容过于宽泛,存在被滥用的可能;另一方面,由于政治、经济、文化、社会等方面的内在差异,相同的规定在不同国家的习惯语境下解读,得出的结论也可能是多元的甚至是冲突的。在以往的WTO争端解决实践中,WTO专家组和上诉机构通常采用严格标准,实际将贸易承诺(trade commitments)和成员方的公共道德、公共健康保护等社会偏好(social preference)置于不同的层级(hierarchy)之中。实践中,被诉的WTO成员方援引一般例外条款为其涉诉措施寻求正当性理由的案件并不少,⑭但其中得到WTO争端解决机构支持的案件近乎凤毛麟角,⑮绝大部分对一般例外条款的援引都被认定违反了“非武断”或“非歧视”的要求而未能获得支持。在国际投资法领域,尽管规则和实践都呈现高度碎片化的状态,但在以往投资者与东道国投资争端解决(Investor-State Dispute Settlement, ISDS)的实践中基本也对一般例外条款采用严格解释方法,会要求涉诉措施的实施不在情形类似的缔约方、缔约方的投资者或投资者的投资之间构成任意或不合理歧视的手段,或构成对任何一方的投资者或其投资的变相限制,还可能伴以必要性、合理性或最少限制等审查要求。随着晚近ISDS机制改革中对东道国公共管理权的关注不断提升,不排除未来ISDS实践进一步转向东道国正当规制权,而这种转向在新冠疫情引致的公共卫生危机的背景下很可能变成现实。

从严格意义上讲,“公共卫生危机”并不是一个规范表述,而应称为“公共卫生事件”(public health emergency),是指“突然发生,造成或者可能造成社会公众健康严重损害的重大传染病疫情、群体性不明原因疾病、重大食物和职业中毒以及其他严重影响公众健康的事件”⑯。2020年1月31日,世界卫生组织(World Health Organization, WHO)总干事谭德塞(Tedros Adhanom

---

⑭ 中国被诉的WTO案件中,中国出版物案(DS363)、中国原材料出口限制案(DS394/395/398)、中国稀土案(DS431/DS432/DS433)均援引了一般例外条款。

⑮ 如美国海龟海虾案(DS58)得到了WTO争端解决机制的支持。

⑯ 参见《突发公共卫生事件应急条例》(国务院令376号)第2条。

Ghebreyesus）在瑞士日内瓦召开的新闻发布会上宣布新冠病毒为“国际关注的突发公共卫生事件”（Public Health Emergency of International Concern，PHEIC）[⑰]。《国际卫生条例》（International Health Regulation，IHR）中将自身的目的和范围明确为“以针对公共卫生危害、同时又避免对国际交通和贸易造成不必要干扰的适当方式预防、抵御和控制疾病的国际传播，并提供公共卫生应对措施”，条文明确了防控疾病传播的应对措施应适当，不对国际交通和贸易造成不必要的干扰，但是“适当”“不必要”“干扰”等措辞本身存在较强的主观判断色彩，缺乏具体的判断标准。

2020年，UNCTAD发布了关于“新冠疫情下投资政策的应对”的报告，该报告指出东道国在与疫情有关的行业的外商投资审查机制中援引了安全例外和一般例外，并有进一步强化的可能，[⑱]并指出现行IIAs大多未对东道国的正当管制权尤其是在紧急情况下（especially in emergency situations）的正当管制权予以特别安排，签署于距今20～60年的IIAs已经无法反映当下全球面临的可持续发展问题和公共卫生事项变化的挑战。ISDS仲裁庭对IIAs的宽泛解读严重挤压了东道国政府基于公共利益可以行使的正当监管权的权能。[⑲] 事实上，一些国家已经表示出了对为防控新冠疫情东道国采取的紧急措施可能引致ISDS争端的担心，[⑳]呼吁各国政府采取多边协调行动，终止基于IIAs的ISDS仲裁。[㉑] 该报告在附录中特别建议各国可以在其IIAs中加入一般例外条款，从而可以专门为涉及人类生命和公共健康的公共措施提供抗

---

⑰ 2005年《国际卫生条例》第1条第1款规定的“国际关注的突发公共卫生事件”，系指按本条例规定所确定的不同寻常的事件。

⑱ Investment Policy Monitor, *Investment Policy Responses to the COVID－19 Pandemic*, Special Issue, No. 4, p. 2(2020).

⑲ Investment Policy Monitor, *Investment Policy Responses to the COVID－19 Pandemic*, Special Issue, No. 4, p. 12(2020).

⑳ See Cosmo Sanderson, *Peru Warned of Potential ICSID Claims over COVID－*19 *measures*, Global Arbitration Review, 4 April 2020.

㉑ See Nathalie Bernasconi-Osterwalder et al., *Protecting Against Investor-State Claims Amidst COVID* 19：*A Call to Action for Governments*, IISD Commentary, https://www. iisd. org/sites/default/files/publications/investor-state-claims-covid－19. pdf.

辩理由。该报告中明确指出公共健康是IIAs追求的合法目标。东道国可以在不滥用例外(prevent abuse of the exception)的前提下采取相关措施,只要措施是非武断或歧视性的(not applied in an arbitrary or discriminatory manner)、不构成对投资者和投资的变相限制(disguised restriction),且措施仅是临时性的和按比例的(only temporary and proportionate)。[22]

三、ISDS实践中对一般例外事项的归因

为了保证投资者保护与东道国正当规制权之间的平衡,无论是WTO争端解决机制还是ISDS,都对缔约国援引一般例外使其暂时性背离条约义务的措施的解释和证成采取了较为严格的态度,特别是关注相关涉诉措施是否符合善意原则、比例原则、非歧视要求等,易因涉诉措施不符合上述要求而认定东道国违反条约项下的实体义务。ISDS仲裁庭漠视东道国正当规制权,对条约进行不合理的扩张性解释,事实上不仅影响东道国出于公共利益行使管制权的自主性,引致"监管寒蝉"(regulatory chill)效应,而且还导致ISDS机制的"正当性危机",[23]有学者甚至批评现行ISDS机制是有利于投资者的机制。以往持此种观点的多为在ISDS机制中频繁被诉的发展中国家,近年来部分发达国家也开始对此发生态度转向。譬如,近年来德国政府两次被瑞典大瀑布电力公司诉至解决投资争端国际中心(The International Centre for Settlement

---

[22] Investment Policy Monitor, Investment Policy Responses to the COVID – 19 Pandemic, Annex. IIA provisions that could come into play in relation to State measures adopted to address COVID – 19, p. 2(2020). See UNCTAD, Investment Policy Response to the COVID – 19 Pandemic, http://unctad.org/en/publicationLibrary/diaepcbinf2020d3_en.pdf.

[23] Susan D. Franck, *The Legitimacy Crisis in Investment Arbitration: Privatizing Public International Law through Inconsistent Decisions*, Fordham Law Review, Vol. 73, p. 1582 – 1585, 1587 – 1611(2005).

of Investment Disputes，ICSID）、[24]澳大利亚政府被莫里斯·菲利普香烟公司诉至ICSID的经历，[25]使得德国、澳大利亚等发达国家对ISDS机制是否侵蚀了东道国正当管理权产生了疑问。传统上将ISDS仲裁机制奉为圭臬并积极在对外缔约中将ISDS机制植入IIAs的美国政府在USMCA中对ISDS机制适用范围进行限缩与美国政府在《北美自由贸易协定》（North American Free Trade Agreement，NAFTA）框架下频频被诉也有着密切关联。以下将围绕公正与公平待遇和间接征收这两项实体义务与一般例外条款的冲突进行探究。

（一）一般例外条款、公正与公平待遇之间的抉择

1. 公正与公平待遇标准的非独立解释路径

判断在对援引一般例外条款进行抗辩的情形中一般例外条款是否会和公正与公平待遇（fair and equitable treatment）发生冲突，关键在于对公正与公平待遇的内涵和外延的认定。NAFTA第1105条（最低国际法待遇）中规定了“公正与公平待遇”和“全面保护与安全”（full protection and security）两项标准，但是公正与公平待遇的内涵和外延则是通过援引NAFTA的ISDS实践逐步明晰的。在波普与塔波特公司诉加拿大政府案（Pope & Talbot v. Canada）中，仲裁庭对公正与公平待遇标准的解释超过了习惯国际法的标准，

---

[24] 截至2017年11月15日，德国政府被诉3次，其中2起案件均由Vattenfall提起，第一案为Vattenfall AB, Vattenfall Europe AG, Vattenfall Europe Generation AG v. Federal Republic of Germany (I), ICSID Case No. ARB/09/6，已经和解；第二案为Vattenfall AB and Others v. Federal Republic of Germany (II)，ICSID Case No. ARB/12/12，目前在审理之中。前一案中Vattenfall在德国投资建造一家火力发电厂，当地政府以保护被保护物种对Vattenfall采取了限制供水措施进而引致争端。Vattenfall除了在德国汉堡高等行政法院提起诉讼外，还依据《能源宪章条约》(Energy Charter Treaty，ECT)将德国政府诉至ICSID，德国政府虽然否决了Vattenfall的主张并保留了对仲裁庭管辖权与主张的可采性提起异议的权利，但是最终双方以和解方式结案，而德国公众普遍认为Vattenfall在德国汉堡法院胜诉很大程度上可能受到了德国政府被诉至ICSID的影响。后一案则是因受2011年日本福岛核电站危机影响，德国政府宣布2022年前关闭所有境内核电站的措施引起的，该措施涉及Vattenfall在德国的两家核电站的投资，2012年Vattenfall将德国政府诉至ICSID，并要求德国政府赔偿47亿欧元，截至2021年此案尚在审理中。

[25] See Philip Morris Asia Limited v. The Commonwealth of Australia, UNCITRAL, PCA Case No. 2012 – 12.

引致了不小争议。在 2001 年 NAFTA 缔约国首次对 NAFTA 第 11 章(投资)进行解释时明确,根据 NAFTA 第 1105 条第 1 款的规定,给予其他缔约国投资者的最低待遇标准是指在国际习惯法项下的外国人最低待遇标准,㉖条文中规定公正与公平待遇和全面保护与安全并不要求缔约国创设更高的待遇标准。按照这一逻辑,只有当缔约国给予的公正与公平待遇低于国际习惯法项下的外国人最低待遇标准之时,缔约国才可能援引一般例外条款的要求暂时背离其公正与公平待遇;如果缔约国给予的公正与公平待遇标准本身并不高于国际习惯法标准,缔约国则不能援引一般例外条款要求豁免义务。㉗

2. 公正与公平待遇的独立性解释路径

有别于波普与塔波特公司诉加拿大政府案,在莫里斯诉乌拉圭案(Morris v. Uruguay)中,仲裁庭认为应该参考"演进"(evolving)的国际习惯法条件,在治安权(police power)学说上提出了"裁量边界"的概念(margin of arbitration),主张应在更大程度上尊重东道国为保护公共健康予以规制的自主性。在法国电力公司诉罗马尼亚案(EDF v. Romania)中,仲裁庭认为"国家为公共利益行使治安权,采取合法、非歧视措施"和公正与公平待遇相关联。㉘在迈尔斯公司诉加拿大政府案(SD Myers v. Canada)中,仲裁庭明确在公正与公平待遇框架下,国家对公共事务管理的自由裁量权应该得到保障。㉙但是苏伊士公司诉阿根廷政府案(Suez v. Argentina)的仲裁庭反对将治安权学说作为判断公正与公平待遇的标准,其认为在判定公正与公平待遇中已经考虑到了东道国的规制权,再单独考察治安权学说显得多此一举。㉚近来的仲

㉖ 参见余劲松:《国际投资法》,法律出版社 2018 年版,第 228 页。

㉗ See MORI Tadashi & KOTERA Akira, *General Exception Clauses in International Investment Agreements Concluded by Japan* (*Japanese*), Discussion Papers (Japanese), Research Institute of Economy, Trade and Industry (RIETI), 2014.

㉘ See EDF (Services) Ltd. v. Romania, ICSID Case No. ARB/05/13, Award, p. 299, 301.

㉙ See SD Myers Inc. v. Canada, First Partial Award, *ad hoc* arbitration, UNCITRAL Rules, 13. Nov. 2000, p. 263; Saluka Investments BV v. Czech Republic, PCA, UNCITRAL Rules, Partial Award, 17 Mar. 2006, p. 305; Philip Morris Brands Sàrl v. Uruguay, ICSID Case No. ARB/10/7, Award, p. 409 - 410.

㉚ See Suez v. Argentina, ICSID Case No. ARB/03/17, Decision on Liability, p. 148.

裁观点认为,如果国家在此前已经作出特别的保证或承诺,或者为了"促进投资"给投资者提供了"合理正当的期待",㉛才会核查对投资者的合理预期和对东道国法律稳定性的要求。在莫里斯诉乌拉圭案中,仲裁庭强调"特别是烟草这些特定行业,对管制应该有合理预期"㉜,并参考比例原则判定乌拉圭政府采取的措施并不构成歧视、专断或不合比例伤害投资者利益的情形。

(二)一般例外条款与间接征收条款之间的抉择

结合以往实践,在涉及一般例外的ISDS实践在判定涉诉措施是否构成征收时,仲裁庭都会考虑涉诉措施目的与结果之间的关系,个案之间的差别主要体现在考虑涉诉措施所保护的公共规制权与对投资者的合理预期的影响的比例关系上。

1. 纯粹效果原则导向

早期ISDS仲裁实践中大多片面强调保护投资者利益,根据"纯粹效果原则"衡量政府政策的经济影响,㉝漠视东道国正当规制权。在装甲公司诉墨西哥政府案(Metalclad v. Mexico)中,仲裁庭认为最终实施效果构成和间接征收类似的行为,没有考虑地方政府生态保护令本身的目的。在圣埃莱娜公司诉哥斯达黎加案(Santa Elena v. Costa Rica)中,仲裁庭认为措施本身的环保目的并不改变剥夺投资者财产的实际后果,即使该措施受社会认可支持,也不影响其征收的本质,政府理应给予投资者赔偿。㉞在迈尔斯公司诉加拿大政府案(SD Myers v. Canada)中,仲裁庭对是否应考虑措施目的存在矛盾的观点,部分仲裁员认为,遵循善意原则(bona fide)的管理措施是东道国在可接

㉛ See Glamis Gold Ltd. v. United States, *ad hoc arbitration*, UNCITRAL Rules, Award, 14 May 2009, p. 621. See also International Thunderbird Gaming Corporation v. Mexico, *ad hoc* arbitration, UNCITRAL Rules, Award, 26 Jan. 2006, p. 147.

㉜ See Philip Morris Brands Sàrl v. Uruguay, ICSID Case No. ARB/10/7, Award, p. 269, 430.

㉝ 纯粹效果原则最早由Rudolf Dolzer教授提出,指依"纯粹效果"来衡量政府措施的经济影响,并判断是否构成间接征收。See Rudolf Dolzer, *Indirect Expropriation: New Developments*, NYU Environment Law Journal, Vol. 11, p. 79(2002).

㉞ See Compañia del Desarrollo de Santa Elena S. A. v. Republic of Costa Rica, ICSID Case No. ARBRB/96/1, Award, p. 72.

受的范围内行使治安权,因此东道国无须对经济后果负责。[35]然而仲裁员希金斯(R. Higgins)则认为东道国无论采取间接征收行为还是采取合法的管理措施,出发点都是为了公共福利,经济后果也相似。任何本质上被视为征收(taking)的措施在广义上都服务于公共目的,因此以涉诉措施目的是否涉及公共利益为标准来判断涉诉措施合法性并无实际意义。[36]

2. 效果与目的并重导向

ISDS实践中,在认定征收问题上仲裁庭过度强调自由裁量、偏袒投资者、漠视东道国利益,导致了ISDS机制的"正当性危机",因此在晚近的ISDS实践中,仲裁庭更多以效果与目的成比例为导向,例如在特迈克诉墨西哥政府案(Tecmed v. Mexico)中,[37]墨西哥当地政府表示拒绝给特迈克办理垃圾填埋场的许可证是基于环境和公共健康的考虑。仲裁庭在审理中考虑了墨西哥政府涉诉措施的目的,但认为墨西哥政府的政策目的没有"足以严重"(sufficiently serious)到成为对投资者的损害的正当化理由,因此认定其依然违反了1995年西班牙与墨西哥签订的BIT第5条(征收条款)和第4条第1款(公正与公平待遇)项下的义务。阿祖里克斯公司诉阿根廷政府案(Azurix v. Argentina)仲裁庭重申了特迈克诉墨西哥政府案中的裁判态度,认为东道国涉诉措施的目的有助于判定涉诉措施是否构成间接征收,对于以维护公共利益为目的而剥夺投资者财产的措施,其实施方式与所追求的目标之间应合乎比例。政府管制措施超过一定期限就不能被视为临时措施(ephemeral),而应被视为达到了征收的效果,具体应结合案情予以判断。[38]

3. 目的优先原则导向

针对ISDS所面临的"正当性危机"以及近年来各国对可持续发展目标的

---

[35] See SD Myers Incorporated v. Canada, First Partial Award on the Merits and Separate Opinion, Ad hoc Arbitration, UNCITRAL Rules, 13 Nov. 2000, p.250.

[36] See R. Higgins, *The Taking of Property by the State*: *Recent Developments in International Law*, Recueil des Cours, Vol. Ⅲ, p.331(1982).

[37] See Técnicas Medioambientales Tecmed, S. A. v. United Mexican States, ICSID Case No. ARB(AF)/00/2, Award, p.121–122.

[38] See Azurix Corp. v. Argentine Republic, ICSID Case No. ARB/01/12, Award, p.313.

关切的提升,近年来ISDS实践中也转向了偏向东道国正当管制权。譬如,在莫里斯诉乌拉圭政府案中,仲裁庭采纳了治安权学说的观点,认为东道国无须赔偿在善意、非歧视地行使治安权时给外国投资者造成的损失。[39] 仲裁庭援引了一系列纳入公共健康、公共秩序、公共利益保护等一般例外条款的IIAs,以此证明在国际习惯法的发展中治安权日渐强化,除非在罕见的情形下,一项或一系列措施会对外国投资者产生特别严重的损失,否则东道国旨在保护健康、安全、环境等各种公共福利目标的非歧视性规制措施并不被视为间接征收。换言之,只要仲裁庭认为东道国采取的措施所保护的利益目的更加重要,或者投资者遭受的损失并没有特别严重,东道国就可能通过援引一般例外条款为其基于公共福利目标的非歧视性措施寻求正当化可能。当然,如果仲裁庭采取更加严格的认定标准,认为存在更加合理有效的替代措施,涉诉措施就可能被认定为间接征收。

由于ISDS仲裁"一裁终局"的特性,同类案件的ISDS仲裁庭对比例原则的判定存在较大的不确定性,远未达成共识。

四、ISDS仲裁中对一般例外条款的解释

由于IIAs高度碎片化,加上ISDS仲裁"一裁终局"的特点,仲裁庭拥有高度的自由裁量权,导致同类案件由于涉诉条约不一致,甚至是涉诉措施、涉诉条约均一致的同类案件,裁决结果也依然可能大相径庭。结合以往ISDS实践,对于一般例外条款的解读存在三种不同倾向:第一,相较于传统IIAs,一般例外条款可以为东道国政府提升国内监管灵活度,在IIAs中纳入诸如公共健康、环境保护、劳工保护等内容时应根据有效影响(effet utile)原则理解,服务于国际投资协定中具体罗列的合法目的。第二,一般例外条款是对IIAs中

[39] See Philip Morris Brands Sàrl v. Uruguay, ICSID Case No. ARB/10/7, Award.

业已存在的条文汇编,为仲裁庭平衡投资保护义务和合法目的提供指导,实质上相当于在不改变IIAs规定前提下,对条文进行结构性改善。第三,纳入一般例外条款反而会限缩东道国采取规制权的空间,[40]特别是如果仲裁庭偏向投资者,一般例外条款中对例外事项的规定反而会扩大结果的不确定性,如前述的波普与塔波特公司诉加拿大政府案和迈尔斯公司诉加拿大政府案。伟大美国投资与管理公司诉墨西哥政府案(GAMI v. Mexico)的仲裁庭采纳了相类似的观点,仲裁庭强调不同的待遇必须与合法的政策目的存在实际关联,并且实际应用中不得以歧视或设置障碍的方式破坏机会平等。[41]

(一)与WTO相关争端解决实践的差异

虽然IIAs的一般例外条款脱胎于GATT第20条和《服务贸易总协定》(General Agreement on Trade in Service,GATS)第14条,但是其在应用上有两点不同于WTO审理机制。其一,GATT第20条子项对措施目的进行穷尽式列举,并且在第20条总括性条文中对关联性和必要性做了严格的要求;而投资仲裁庭在解读政府公共措施的目的时,不需要与GATT第20条子项的规定一样做穷尽式理解,其考察的合法政策目标范围可能更广。其二,要成功援引GATT第20条一般例外,不仅需要证明涉诉措施目的符合GATT第20条的某子项的要求,而且还需要证明不存在可以获得同样保护效果但是对国际贸易限制更少的替代措施。结合WTO争端解决实践,成员方援引GATT第20条为涉诉措施进行抗辩的案件并不鲜见,其中第20条b项(保护人类、动植物生命和健康)和g项(保护可用竭自然资源)更是被频繁援引,但是只有美国海龟海虾案(DS58)、欧共体石棉案(DS135)等极少数案件对一般例外条款的援引获得了WTO专家组和上诉机构的

---

[40] See A. Cosbey, *The Road to Hell? Investor Protections in NAFTA's Chapter* 11, in L. Zarsky ed., International Investment for Sustainable Development: Balancing Rights and Rewards, Sterling, VA: Earthscan, 2005.

[41] See GAMI Investments, Inc. v. Mexico, UNCITRAL (Final Award), 15 Nov., 2004, p.114.

支持。

相较于WTO机制下封闭式的政策目的限制，仲裁庭面对国际投资案件时，能以相对宽松的目的标准检验东道国的政策目的。由于IIAs高度碎片化，并非所有的IIAs均要求东道国承担对措施必要性的证明义务，同时，ISDS仲裁庭具有高度的自由裁量权，是否支持东道国政府对一般例外条款的援引，更多地取决于涉诉IIAs的具体条文以及仲裁庭解读IIAs时所采取的态度，因此不确定性高得多。而且相较于国际贸易，国际投资周期更长，对东道国整体的经济发展、社会发展、环境保护等的影响更加深远，存在更多的潜在风险。

（二）与IIAs中实质性免责规定的差异

在ISDS仲裁实践中，曾出现一般例外条款、免责条款以及其他条款适用不当等问题。为了改善此种局面，ICSID改革中允许东道国政府通过提交非争议方陈述（non-disputing party submission）的方式，积极参与对自身利益的保护，争取获得对IIAs中一般例外条款的有利解读，强化裁决结果的相对一致性。[42] 在贝尔克里克诉秘鲁案（Bear Creek v. Peru）中，[43]加拿大向仲裁庭提交非争议方陈述，提出合法的监管措施并不需要援引一般例外条款以寻求正当性依据，因为此类措施本身就不违反BIT项下的义务。概言之，加拿大主张东道国政府在其正当规制权范围内自行判断，独立于例外原则和实质性义务的审查标准。这一观点与天然气运输公司诉阿根廷案（CMS v. Argentina）[44]

---

[42] 根据ICSID《仲裁规则》第37条第2款的规定，仲裁庭在咨询双方意见后，可允许非争议方（non-disputing party）即在仲裁程序中任何非争议方的自然人或实体，就争议范围内的某问题提交书面陈述。同时要求满足：（1）该书面陈述可为仲裁庭提供不同于争议方的视角；（2）非争议方陈述的问题必须在争议范围内；（3）非争议方在程序中有切实利益相关。NAFTA第1128条也有类似规定，非争议方国家实体有权提交对条约适用或解读争点的陈述。在2011年联合国国际贸易法委员会工作报告中指出，许多代表团都广泛认为，在投资人与国家间的仲裁程序中允许第三方（法庭之友）提交材料，将有助于仲裁庭解决争议，增进仲裁过程的合法性。

[43] See Bear Creek Mining Corporation v. Republic of Peru, ICSID Case No. ARB/14/21, Award.

[44] See CMS Gas Transmission Company v. Argentina, ICSID Case No. ARB/01/8, Award.

临时委员会撤销该案仲裁裁决的论证逻辑基本一致。[45] 有学者据此认为,一般例外条款本质上限定了条约实质性义务的范围,在判断国家监管措施性质时,如果判定为属于一般例外条款规定的东道国正当规制权范围,则直接排除适用 BIT,而不是先初步认定违反 BIT 规定后,再将一般例外条款作为排除违法行为的免责条件进行适用。[46]

五、中国对外商签 IIAs 中的一般例外条款的述评

自 1982 年中国与瑞典签署 BIT 以来,根据 UNCTAD 的统计,截至 2021 年,中国至少已经对外签署了 131 项 BIT,[47]但是传统上中国政府似乎更多地将 BIT 视为两国之间良好关系的证明,对 BIT 对保护和促进投资方面的作用关注度不够高,对外国投资者可能援引 BIT 对中国政府提起 ISDS 仲裁的准备也不够充分。加上 1998 年中国—巴巴多斯 BIT 之前,中国对外签署的 BIT

---

[45] See Jelena Todić & Hazem Danny Al-Nakib, *What Next for Interpreting General Exceptions in International Investment Agreements? Canada's Non-Disputing Party Submission in Eco Oro Minerals v. Colombia*, Kluwer Arbitration Blog, http://arbitrationblog.kluwerarbitration.com/2020/07/18/what-next-for-interpreting-general-exceptions-in-international-investment-agreements-canadas-non-disputing-party-submission-in-eco-oro-minerals-v-colombia/. 在 CMS v. Argentina 案中,《美国—阿根廷 BIT》第 11 条"非排除措施条款"(non-precluded clauses, NPM)对仲裁庭审查范围的限制是核心争点之一。在撤销决定书中,专门委员会指出临时仲裁庭在审理中混淆了《美国—阿根廷 BIT》第 11 条"必要性"(neccessary)条件和国际习惯法项下《国家对国际不法行为的责任条款草案》(以下简称《责任条款草案》)第 25 条规定的紧急情况(state of necessary)的适用前提。CMS 案仲裁庭援引《责任条款草案》国家不法行为的免责条件,以免除国家政策的不法性,而《美国—阿根廷 BIT》第 11 条规定:"本协定不应阻止缔约方采取必要措施以维护公共秩序,履行其承担的维护或恢复国际和平或安全的义务,或保护其基本安全利益。"前者是对紧急情况适用条件的反向排除,即在出现不法行为的情况下判断是否可以免责,前提是已经出现实质性违约;后者则是对自裁决条款(self-judging clauses)的正面阐述,如果政府监管措施符合公共利益,行为本身就不构成违反实质性义务。无独有偶,此后 Enron 案和 Sempra 案中阿根廷政府同样援引《美国—阿根廷 BIT》第 11 条进行抗辩,仲裁庭均以"根本安全利益"的内涵未界定为由,直接援引国际习惯法之紧急情况为判断根据。

[46] Alschner, Wolfgang and Hui, Kun, *Missing in Action: General Public Policy Exceptions in Investment Treaties*(2018). Lisa S. Sachs, Lise J. Johnson & Jesse Coleman (eds.), *Yearbook on International Investment Law and Policy*, Oxford University Press, 2018, p.363 – 393.

[47] 中国与缔约国重签或修订 BIT,仅计 1 项。

中基本仅允许将因征收或国有化引致的补偿额争端提交国际仲裁，因此从1982年中国—瑞典BIT签署后的约30年间，中国政府从未被诉至ISDS仲裁庭。然而自2011年马来西亚伊佳兰公司诉中国政府案开始，[48]中国政府已有7次被诉至ISDS仲裁庭，2020年至2021年3月，中国政府已经被诉4次。近年来，中国除了继续对外商签BIT外，也积极对外商签自由贸易协定（Free Trade Agreement，FTA），其中相当比例的FTA含有投资章节。本部分将对中国对外签署的BIT和FTA中的一般例外事项进行全面梳理。

（一）中国对外签署的BIT中对一般例外事项的规定

中国曾在1984年、1989年、1997年和2010年制定过BIT范本（草案），2010年BIT范本（草案）在序言中首次纳入可持续发展要求，但中国对外商签的BIT中纳入公共健康事项最早可追溯到1985年中国—泰国BIT。根据UNCTAD对中国已经签订的131项BIT（含2012年中日韩三方投资协定）的统计，[49]其中19项BIT涉及一般例外事项，占比约为14.5%，如再考虑已经完成谈判的中国与欧盟间的《全面投资协定》（Comprehensive Agreement on Investment，CAI），对一般例外事项规定可归纳如下（见表1）。

表1　中国对外签署的BIT中对一般例外事项的规定归纳

序号	签署时间	协定名称	主要条款类型
1	1985年3月	中国—泰国BIT	第8条一般例外
2	1985年9月	中国—奥地利BIT	议定书（国民待遇和最惠国待遇例外）
3	1985年11月	中国—新加坡BIT	第5条一般例外
4	1986年3月	中国—斯里兰卡BIT	第11条一般例外
5	1988年11月	中国—新西兰BIT	第11条一般例外
6	1996年5月	中国—毛里求斯BIT	第11条一般例外

[48] See Ekran v. China, ICSID Case No. ARB/11/15.

[49] UNCTAD数据参见https://investmentpolicy.unctad.org/international-investment-agreements/countries/42/china。

续表

序号	签署时间	协定名称	主要条款类型
7	2002年7月	中国—特立尼达和多巴哥BIT	序言
8	2003年3月	中国—圭亚那BIT	序言
9	2003年12月	中国—德国BIT	议定书(国民待遇和最惠国待遇例外)
10	2005年11月	中国—马达加斯加BIT	公平和公正待遇例外
11	2005年12月	中国—葡萄牙BIT	议定书(国民待遇和最惠国待遇例外)
12	2006年11月	中国—印度BIT	议定书(间接征收例外)〔1〕
13	2008年11月	中国—哥伦比亚BIT	间接征收例外
14	2010年4月	中国—乍得BIT	序言、间接征收例外
15	2011年4月	中国—乌兹别克斯坦BIT	序言、间接征收例外
16	2011年8月	中国—刚果(金)BIT	序言、间接征收例外
17	2012年5月	中日韩投资协定	序言、议定书(间接征收例外)
18	2012年9月	中国—加拿大BIT	第33条一般例外
19	2013年3月	中国—坦桑尼亚BIT	序言、第10条一般例外
20	尚未签署〔2〕	中国—欧盟CAI	第四章(投资与可持续发展)

注:〔1〕间接征收例外条款中仅出现"公共利益"的表述,未明确出现与公共健康、卫生等相关的措辞。

〔2〕中国与欧盟在2020年12月30日结束CAI谈判,部分章节和中欧双方承诺投资市场准入负面清单已经公布,然而近期中欧关系发生重大转向,批准CAI已被搁置。

中国以往签署的BIT中,仅有7份BIT中规定了一般例外条款,其他BIT中分别体现在序言、议定书、㊿投资待遇例外和间接征收例外条款之中。除了2012年中国—加拿大BIT第33条中直接"移植"了GATT第20条,其他BIT中对一般例外事项的规定相对比较抽象,尤其与特立尼达和多巴哥和圭亚那两国签署的BIT中仅仅在序言中对公共福利有提及,但序言本身并没有约束

㊿ 中国与奥地利、德国、葡萄牙签署的三项BIT议定书中纳入了与一般例外事项相关的内容。

力。相较而言,2020 年 12 月 30 日结束谈判的中国—欧盟 CAI 代表了中国对外谈判 BIT 中对一般例外事项规定的高水平。

(二)中国对外签署的 FTA 中对一般例外事项的规定

根据商务部已发布文本的 19 项 FTA 中与一般例外事项相关内容可以统计如下(见表 2)。

表 2　一般例外事项统计

序号	签署方	签署时间	协定名称	主要条款类型
1	东盟[1]	2002 年 11 月	中国—东盟全面经济合作框架协议	一般例外
2		2009 年 8 月	中国—东盟全面经济合作框架协议投资协议	序言、一般例外
3		2015 年 11 月	中国—东盟 FTA 升级议定书	无与投资相关的一般例外事项
4	智利	2005 年 11 月	中国—智利 FTA	序言、一般例外
5		2012 年 9 月	中国—智利 FTA 关于投资的补充协议	间接征收例外
6		2017 年 11 月	中国—智利 FTA 升级议定书	序言、排除、排除 SSDS[2]
7	巴基斯坦	2006 年 11 月	中国—巴基斯坦 FTA	序言
8	新加坡	2008 年 10 月	中国—新加坡 FTA	无与投资相关的一般例外事项
9		2018 年 11 月	中国—新加坡 FTA 升级议定书	求助专家条款、间接征收例外、一般例外、排除 SSDS 条款
10	新西兰	2008 年 4 月	中国—新西兰 FTA	序言、一般例外
11	秘鲁	2009 年 4 月	中国—秘鲁 FTA	序言
12	哥斯达黎加	2010 年 4 月	中国—哥斯达黎加 FTA[3]	序言、一般例外

续表

序号	签署方	签署时间	协定名称	主要条款类型
13	冰岛	2013 年 4 月	中国—冰岛 FTA〔4〕	序言
14	瑞士	2013 年 7 月	中国—瑞士 FTA	序言、排除 SSDS 条款
15	韩国	2015 年 6 月	中国—韩国 FTA	序言、间接征收例外、〔5〕排除 SSDS 条款〔6〕
16	澳大利亚	2015 年 6 月	中国—澳大利亚 FTA	序言、〔7〕一般例外、排除 ISDS 机制条款、求助专家条款、排除 ISDS 条款
17	格鲁吉亚	2017 年 5 月	中国—格鲁吉亚 FTA	序言、排除 SSDS 条款
18	毛里求斯	2019 年 10 月	中国—毛里求斯 FTA	序言、一般例外
19	RCEP 十五国	2020 年 11 月	RCEP〔8〕	序言、一般例外

注:〔1〕中国与东盟 FTA 包含 2002 年 11 月《中国—东盟全面经济合作框架协议》、2009 年 8 月《中国—东盟全面经济合作框架协议投资协议》和 2015 年 11 月《中国—东盟 FTA 升级议定书》。

〔2〕国家间投资争端解决机制(State-State Dispute Settlement,SSDS)。

〔3〕2010 年中国—哥斯达黎加 FTA 中的投资章节以 2007 年中国—哥斯达黎加 BIT 的内容为主体。

〔4〕2013 年中国—冰岛 FTA 中的投资章节以 1994 年中国—冰岛 BIT 的内容为主体。

〔5〕间接征收例外条款中仅出现"公共福利"的表述,未明确出现与"环境"一词直接相关的表述。

〔6〕2015 年中国—韩国 FTA 第十二章(投资)第 12.19 条(提升投资环境联络点)规定,"任一缔约方均不得将本条项下产生的任何事项诉诸第二十章(争端解决)和第 12.12 条(投资者与任一缔约方之间的投资争端解决)"。

〔7〕序言条款中仅出现"公共福利"的表述,未明确出现与"环境"一词直接相关的表述。

〔8〕《区域全面经济伙伴关系协定》(RCEP)2020 年 11 月 15 日签署。2021 年 3 月 8 日商务部部长王文涛透露,中国已经核准 RCEP,载 https://new. qq. com/rain/a/20210309A02GS400。

资料来源:中国自由贸易区服务网"协定专题",http://fta. mofcom. gov. cn/index. shtml,2021 年 3 月 14 日访问。

相较于 BIT 对一般例外事项规定的多样化,中国对外商签 FTA 中对一般例外事项的规定则相对统一和稳定,尤其是中国—东盟 FTA、RCEP 两项巨型 FTA 中,均将 GATT 第 20 条直接纳入作为一般例外条款。

六、中国对未来一般例外条款规定的创新

(一)国际投资规则发展形势分析

2021 年 1 月国际货币基金组织(International Monetary Fund,IMF)发布的《世界经济展望更新》(World Economic Outlook Update)统计显示 2020 年全球经济增长率为 -3.9%。[51]尽管这个数据略好于 2020 年 10 月《世界经济展望》(World Economic Outlook)做出的 -4.4% 的原预期。[52] 但是,UNCTAD 发布的《全球投资趋势检测报告》(Global Investment Trend Monitor)显示,2020 年全球外商直接投资总额较 2019 年下降 42%。[53]为提振经济,保持本国社会稳定,各国政府可能倾向于采取更为保守的投资和贸易政策。与此同时,2020 年中国吸收的外国直接投资逆势增长 4%,达到 1630 亿美元,占全球外国直接投资的 19%;同时尽管 2020 年中国对外直接投资总量有小幅下降,但是对"一带一路"沿线国家投资 177.9 亿美元,增幅达到 18.3%。[54] 巨大的投资存量使得中国双向投资风险不断累积。

在国际经贸规则方面,一方面,自 2020 年年初以来,多国已开始加强对于投资环境的管控力度,欧盟及其各个成员国、加拿大和澳大利亚等国持续加大对外商投资的审查力度,而美国和日本亦发布大规模国内经济刺激计

---

[51] See *Policy Support and Vaccines Expected to Lift Activity*, International Monetary Fund (26 January 2021), https://www.imf.org/en/Publications/WEO/Issues/2021/01/26/2021 - world-economic-outlook-update.

[52] See IMF: *World Economic Outlook: A Long and Difficult Ascent*, 4 Oct. 2020, p. xv.

[53] See *Global Investment Trend Monitor*, UNCTAD (24 January 2021), https://unctad.org/webflyer/global-investment-trend-monitor-no - 38#tab - 2.

[54] 参见罗珊珊:《"十三五"我国对外直接投资存量翻番 去年对一带一路沿线国家投资增长 18.3%》,载中国政府网,http://www.gov.cn/xinwen/2021 - 01/30/content_5583692.htm。

划,呼吁并提供资金支持在外投资的本国企业回归,以支持国内经济发展。因此,投资自由化的趋势正逐步为强有力的国家引导和监管政策所取代,国家加速在投资领域的主权回归。另一方面,随着本轮经济逆全球化的发展和多边主义的式微,投资领域的重要国家纷纷开始制定符合本国利益且具有鲜明特色的国际经贸规则,并通过签署新型双边及区域性 IIAs 的方式提升本国在国际经贸规则交替演变之际的话语权,公共健康、国民卫生环境保护等公共福利目标仍是各国普遍认同的公共利益目标,并可能进一步加强。当然由于各国遭受疫情影响的程度和采取应对措施方面差异显著,因此在一般例外条款的内容和改革力度上存在一定差别。

(二)中国在新一代国际 IIAs 中的整体定位和路径选择

随着对 ISDS 仲裁的"正当性危机"等质疑声的出现,近年来部分国家希望重新构建 IIAs 并提出差异化改革主张的趋势。美国在这一变革中依然处于引导地位,在推进 IIAs 改革方面占据主动。尤其值得注意的是,随着 CPTPP、欧盟—日本 FTA(EPA)、美国—日本 FTA 和 USMCA 四个巨型 FTA 的生效,[55]除中国之外的主要经济体均被涵盖在内。尽管中国积极推进"一带一路"倡议,2020 年 11 月 15 日签署 RCEP,2020 年 12 月 30 日完成 CAI 谈判,并在积极推进中日韩 FTA 谈判,但是已经达成的 RCEP 和完成谈判的 CAI 中均没有包含 ISDS 机制,因此一般例外条款规定事项在 ISDS 机制中能够得到多大程度上的尊重和特殊安排尚不明确。RCEP 和 CAI 文件中均提及未来谈判各方将积极进行相关谈判,但是传统上中国更擅长政策驱动而非规则驱动,因此未来的进一步谈判也要求中国做出主导规则的准备。

客观而言,中国对一般例外条款的构建主要取决于我们选择什么样的发展道路,[56]这对政府选择何种规则将产生重要影响。尽管我们追求帕累托最

---

[55] 2018 年 12 月 30 日 CPTPP 生效,2019 年 2 月 1 日欧盟—日本 FTA(EPA)生效,2020 年 1 月 1 日美国—日本 FTA 生效,2020 年 7 月 1 日 USMCA 生效。

[56] See Robert A. Dahl & Charles E. Lindblom, *Politics, Economics and Welfare: Planning and Politic-Economics Systems Resolved into Basic Social Processes*, Harper and Row, 1953, p. 6 – 16.

优模式,但是在实践操作中我们基本只能遵循成本收益分析方法的核心思路,即运用统一尺度,权衡待审查的法律规则或政策举措可能导致的各类有利或不利后果(成本或收益),并在此基础上,比较待审查举措与其他的可能替代性举措,判断何者更有助于促进社会福利最优。[57]

(三)对一般例外条款的内容设计创新

中国在新一代IIAs中对一般例外条款的塑造并不仅仅是将GATT第20条或美欧主导的新一代IIAs中的一般例外条款进行简单移植或优化,更多的是中国对内经济结构转型和对外规则主导权构建的一种主动性设计和安排。更何况,尽管以投资仲裁为主要特征的ISDS机制在实践中存在多种问题,但是直接摒弃ISDS机制或者将一般例外条款通常涉及的事项直接排除在ISDS机制之外显然也并不具有现实意义。具体而言,中国在未来的IIAs中对一般例外条款安排时应注意多层平衡。

1. 硬法化规则与软法化规则之间的平衡

中国在实现对公共福利的关切时不宜将所有事项都硬法化,法律强制约束力在解决同时涉及公私主体利益的问题时未必是最优路径。因此应注意具有法律强制约束力的主文条款与虽不具有强制法律约束力但是对诉争条款解释时可以提供宗旨和目标参考的序言条款之间的平衡,从而保证一般例外规则的现实效果和未来发展之间的平衡。

2. 缔约国对一般例外条款自裁判性和例外事项受限性的平衡

尽管一般例外条款可以回应东道国对公共福利事项的关切和保护东道国公共管理权,从而在东道国利益与投资者利益之间进行有效平衡,但是在具体条款设计中,也应关注东道国可能对公共管理权的滥用。比如,中欧CAI第四节第一小节第1条(总体原则)中将关于可持续发展的相关国际文件进

---

[57] See Matthew D. Adler & Eric A. Posner, *New Foundations of Cost-Benefit Analysis*, Harvard University Press, 2006, p. 22.

行了列举,[58]这种列举看似累赘,实际也对东道国可能滥用的条约解释权进行了一定限制,一定程度上约束了东道国可能滥用的自由裁量权。再如,USMCA环境章条款以“各缔约方认可”(the parties recognize)某项环保措施作为条款的开头,具体的条约义务并不清晰,没有减少条款间不一致性,作为平衡,USMCA中对环境事项进行了一定列举,涵盖诸如臭氧层保护、海洋环境保护等各类事项,对环境事项的相对细化可以实际制衡东道国可能过于宽泛的自由裁量权。

3. 一般例外条款核心内容和弹性内容之间的平衡

目前,中国对外缔结IIAs时以BIT和FTA两种路径同时推进,相较于FTA涵盖的广泛内容,可以对公共健康事项进行更加精致化和体系化的规定,BIT中与一般例外事项相关的内容应更加简明扼要且切中要害,特别要关注公共健康问题的发展性和不确定性。

4. 一般例外条款事项论证的内部平衡性

对一般例外条款事项的论证要关注措施目的和效果的平衡,这种平衡应该考虑到数层平衡:第一,对目的规范。政府为了保护公共健康而推行特定监管措施的目的应该被专门界定,而不是被泛化为一般的政府行为,譬如2008年中国—新西兰FTA序言中仅提及“谨记经济发展、社会发展及环境保护是可持续发展中相互依存、相互加强的组成部分,以及更紧密的经济伙伴关系能够在促进可持续发展方面发挥重要作用”,因此要相关涉诉措施直接解释为符合公共健康目的存在较大难度。第二,对措施的规范。以往中国签署的IIAs中对保护公共利益的合法管理措施与间接征收之间并没有进行明确区分,建议未来中国在IIAs制定中对公共管理措施衡量的方法论上更加细

---

[58] 中欧CAI第四节第一小节第1条规定,“缔约方回顾关于可持续发展的相关国际文件,特别是1992年《21世纪议程》、2002年《约翰内斯堡可持续发展执行计划》、2006年《联合国经济及社会理事会关于充分就业和体面工作的部长级宣言》、2008年《国际劳工组织(劳工组织)关于社会正义促进公平全球化的宣言》和2012年联合国可持续发展大会题为‘我们希望的未来’的成果文件,《联合国2030年可持续发展议程》及其可持续发展目标,以及2019年劳工组织《关于未来工作的百年宣言》,并重申致力于促进投资的发展,可持续发展的目标,造福今世后代,并确保这一目标被纳入并反映在他们的投资关系中”。

化，提出对措施合理性、必要性、相关性的标准，这有助于降低未来争议发生时仲裁庭对相关条款的解读的不确定性。[59] 第三，对因果关系的规范。由于一般例外条款所服务的目的比较宽泛，所以服务于此类目的的公共措施必须符合“必需的”要求，而不仅仅是“相关的”，一般例外条款必须体现目的和手段之间的必要性。

5. 一般例外条款与例外之例外之间的平衡

中国在 IIAs 设计中还要将一般例外条款与例外之例外之间进行平衡，避免东道国将一般例外条款作为豁免国家义务和责任的成本最小化路径，或在一般例外情形已经不存在的情况下继续援引一般例外条款进行抗辩。因此当东道国政府所采取的措施超过必需的程度和时限时，则应将其视为例外之例外，不认可东道国的正当化理由，从而避免东道国对一般例外条款可能的滥用。

（四）一般例外条款与其他条款协同安排

一般例外条款的根本宗旨是为东道国未来出于保护公共健康、环境等涉及公共福祉的事项对暂时性背离其条约义务的行为提供正当性依据，因此不能孤立地看待一般例外条款，必须将其放在其所根植的 IIAs 中进行解释和讨论，才能更好地接近于一般例外条款的缔造者的初衷。

1. 明确且相对统一东道国保障公共福利或寻求可持续发展的宗旨

尽管序言条款本身并没有强制约束力，其不能孤立地作为判定东道国是否违反了 IIAs 项下义务的依据，但是其对一般例外条款的解释提供了一种特殊背景，必须将法律争端置于这种特殊的背景下进行考虑。序言条款如果正面表明或强调了东道国出于保护公共健康等公共福祉的目标，则可对东道国援引一般例外条款为涉诉措施寻求正当性理由找到依据。在具体 ISDS 实践中，仲裁庭在多大范围、多大程度上接受上述观点尚存在不确定性，但如果能

---

[59] *US Model BIT of* 2004 *and US Model BIT of* 2012, International Investment Agreements Navigator | UNCTAD Investment Policy Hub, https://investmentpolicy.unctad.org/international-investment-agreements/model-agreements.

够形成明确且相对统一的宗旨表达,则在未来争端的抗辩中可以强化其已经成为中国的公共政策的观点,更容易配合一般例外条款的理念对涉诉措施寻求正当化依据。

2. 具体协定义务例外条款与一般例外条款的有效衔接

中国签署的IIAs中除通过一般例外条款保障中国政府的正当规制权外,还可能在征收条款、国民待遇条款、最惠国待遇条款等几类具体条款中纳入例外条款,同时也可能纳入公共健康或可持续发展条款。这些具体协定义务例外条款可以与一般例外条款相结合,以先后关系予以适用,即先适用具体协定义务例外条款,当具体协定义务例外条款未能涵盖或者语焉不详无法平衡投资者与东道国之间的关系时,再援引一般例外条款就可能为东道国正当规制权的动态发展提供兜底性保障。

3. 审慎取舍争端解决程序中的各项条款

USMCA采用了一种"三国四制"的特殊争端解决机制,对于美国投资者与墨西哥政府和墨西哥投资者与美国政府之间的投资争端尽管理论上依然可以适用ISDS机制,但是仅允许投资者将有关准入后国民待遇、最惠国待遇以及直接征收的事项提交仲裁,将与东道国公共管理权相关的间接征收事项排除在ISDS机制之外。[60] 对于涉及环境和劳工事项的SSDS,USMCA亦设置了专门的要求,即如上文所述,要求国家在提交争端解决程序之前先完成三个层级的政府间磋商。

随着国家主权在国际投资领域中的回归,ISDS机制正在不断受到限制,主权国家间不具有强制约束力的磋商模式也重新受到了重视。尽管ISDS机制存在各种弊端,但是其要求东道国政府让渡部分主权本身确实有助于对投资者提供更强有力的保护。结合中国的双向投资利益,2015年中国—澳大利亚FTA一律排除ISDS机制就显得较为激进,[61]既不利于对中国对外投资的保护,也不利于为外国投资者提供一个可信赖的投资环境。因此不应一律将

[60] See USMCA, Article 14. D. 3. 1.

[61] 2015年中国—澳大利亚FTA第九章(投资)第11.4条。

涉及公共规制权的事项直接排除 ISDS 机制的适用,而应该通过对该机制本身适用范围的限缩来适度强化东道国规制权。除 ISDS 机制之外,还可以改革目前基本被束之高阁的 SSDS 机制,将 SSDS 机制的适用范围从目前的解决 IIAs 的适用与解释,扩展到对涉及公共管理的事项进行强制性的磋商等。

4. 纳入公司社会责任条款

在当今的国际投资规则改革和 ISDS 机制改革中,表现出比以往更加关切东道国的公共规制权和对仲裁庭过大的自由裁量权的限制,同时也出现了对跨国公司设定义务的倾向。因此,私主体在投资活动中也要更加关注公共健康问题,因此建议纳入公司社会责任条款并塑造跨国投资者的良好形象,从而减轻包括东道国民众和社会抗议在内的诸多问题。

七、结语

一般例外条款体现了国际贸易机制与国际投资的交叉影响,其在未来国际投资条约中出现的比例还会继续上升,而且在序言部分也会有对公共健康等公共利益进行保护的表达。如果在国际投资协定中不设立为公共健康等相关措施免责的一般例外条款,仲裁庭并不必然会审理国家政策目的与结果的关联性。在中国未来的投资条约的缔结和实践中,可以考虑在对公共健康的管理措施审查上运用比例原则,审查相关性、必要性等方面更细致的规定,保护中国政府正当规制权的自主空间;同时,也要警惕其他东道国以保护公共健康为名,行间接征收之实,损害中国海外投资者的正当权益。

《上外贸涉外法治论丛》(第1卷)
第50~65页

《欧盟—日本经济伙伴关系协定》的主要特点

宋锡祥*　潘上上**

一、前言

随着经济全球化的不断推进,《关税与贸易总协定》(GATT)倡导构建多边贸易体制,促进国际贸易自由化,并发动了多轮多边贸易谈判,但乌拉圭回合成果难以执行、多哈回合议程受阻,让多边贸易体制陷入困境,使许多国家渐渐失去了推动世界贸易组织(WTO)框架下多边贸易自由化的动力。但不可否认的是,贸易自由化为恢复和发展世界经济起到了重要作用,使世界各国对自由贸易持支持态度。在此背景下,作为多边贸易规则的进一步发展、贸易进一步自由化先行先试的铺路石——自由贸易协定,就成为诸多国家的不二选择。① 欧盟和日本都适时制

* 上海对外经贸大学法学院教授,法学博士。
** 上海市普陀区人民法院法官助理。
① 参见韩立余:《正确理解自由贸易协定的性质》,载《中国社会科学报》2015年6月10日,A7版。

定并实施了相应的自由贸易协定战略，通过签署双边自贸协定、区域自贸协定乃至跨区域综合性自贸协定，充分开拓海外市场，挖掘贸易潜力，推动经济高速发展。

近年来，贸易保护主义不断抬头，大型综合性区域自由贸易协定处于停滞状态，国际贸易增长前景黯淡，自由贸易主义受到严重挑战。在这样严峻的国际经贸背景下，欧盟和日本于2018年7月17日正式签署了《欧盟—日本经济伙伴关系协定》(Agreement between the European Union and Japan for an Economic Partnership，以下简称欧日EPA)，并于2019年2月1日正式实施。欧日EPA大幅度减免关税、取消非关税贸易壁垒、增加政府采购、拓宽服务贸易领域，推进高标准、自由、开放和公正的自由经济关系，向世界宣示了维护自由贸易、拒绝贸易保护主义的决心，大大提振了贸易开放主义者的信心。欧日EPA对自由贸易的拥护态度与我国"一带一路"倡议的题中之义不谋而合。在我国不断加快推进"一带一路"倡议进程、构建自贸区网络体系的背景下，研究该协定有利于明确我国自贸协定的目标和模式，形成具有中国特色的"可持续发展导向"的自贸协定范本，为中欧双边投资协定、中日韩自贸协定的顺利签署助力。

笔者密切跟踪欧日EPA发展的最新动态，研读了大量国外最新的学术文献、分析报告和数据等第一手资料，通过翻译、梳理、提炼的方式对欧日EPA文本进行消化、吸收。本文立足于欧日EPA文本，对其出台背景、谈判历程、意义和影响进行全面、系统的分析，通过与欧哥秘自由贸易协定(Free Trade Agreement, FTA)、综合性经济贸易协议(Comprehensive Economic and Trade Agreement, CETA)进行横向对比，②探究欧日EPA的制度创新点，从微观方面为完善我国自由贸易协定文本建言献策，就欧日EPA生效后可能给我国造成的贸易转移效应提出切实可行的应对策略。此外，本文通过纵向梳理欧

② 2012年6月26日，欧盟与哥伦比亚、秘鲁共同签署《欧盟联盟及其成员国与哥伦比亚、秘鲁自由贸易协定》。2017年1月，厄瓜多尔正式加入该协定，故本文将之简称为欧哥秘厄自由贸易协定。而CETA系指欧盟—加拿大综合经济贸易协定。

盟、日本的自由贸易协定战略发展轨迹,全方位审视我国目前自贸区网络体系建设现状,为有针对性地选择合适的缔约对象和伙伴,构建面向全球的高标准自由贸易区网络体系,提出具有前瞻性和建设性的具体设想和方案。

二、欧日EPA的出台背景和谈判过程

欧日EPA的最终达成不是一蹴而就的,而是经历了一个循序渐进的过程。双方具有相同或相似的价值观基础,开展经贸往来历史悠久。在区域经济一体化潮流推动下,双方深化经济合作,巩固既有的全球贸易优势,试图塑造欧盟与日本的贸易格局与版图,扩大在国际规则制定方面的话语权和影响力并起到主导作用。

(一)双边经贸成果为欧日EPA的达成铺平道路

欧盟和日本自20世纪70年代开始推进双方紧密合作的进程。1991年7月,欧盟和日本在荷兰海牙举行了欧日第一次首脑会议,签署了《欧共体及其成员国—日本联合宣言》。为深化交往,欧盟和日本在2000年举办的第十届欧日首脑会议上确定了为期10年的《欧盟—日本合作行动计划》。在这两份纲领性文件的指导下,欧日构建了一系列对话机制,建设了若干产业合作中心,签署了多项重要协议(见表1),为欧日EPA的最终签署铺平了道路,创造了有利条件。

表1　欧日双边经贸合作成果

年份	成　果
1987年	建立日本—欧共体产业合作中心
1993年	建立日本—欧共体产业政策和产业合作对话机制(Regulatory Dialogue)
1999年	建立旨在促进欧日间公司直接活动的日本—欧共体商界圆桌会议
2001年	签署《日本—欧盟相互承认协定》,加强电信终端设备和无线电设备、电子产品、化工产品和药品这四大领域内授权程序性文书的互认

续表

年份	成　果
2003 年	签署《反竞争行动合作协定》
2004 年	建立旨在促进双边投资的合作框架
2008 年	签署《合作和相互监督支持协议》
2009 年	签署《科学和技术协议》

欧日同属发达国家或地区,在经济发展水平上高度相似,长期以来,在国际市场上存在竞争关系。但它们无论是在市场经济、民主主义、人权、法治方面,还是在广泛的全球议题上都具有共同的立场。特别是在全球经济不景气、气候与环境恶化、资源稀缺、国际恐怖主义等全球性挑战多发的当下,仅靠自身或昔日的同盟关系已经不能满足国家或地区利益的需求。基于此,双方都渴望通过双边合作机制,共同应对全球性挑战及区域热点问题。③ 实际上,欧日在经济基础、政治制度和一系列全球议题上的相似立场,以及在经贸投资领域的长期对话合作,为欧日 EPA 的达成奠定了良好的基础。

(二)重视欧日 EPA 在构建自贸规则方面的引领作用

传统的经贸投资规则由经济实力最强的美欧日所主导,近年来,以金砖国家为代表的新兴经济体崭露头角,在全球经济和贸易格局中的地位显著上升。金砖国家经济实力的逐步增强势必会使各国对贸易规则的影响力产生变化,导致传统的国际经贸规则的等级结构出现松动,全球贸易投资规则面临重构的重大挑战。面对新兴经济体带来的国际贸易格局的深刻变化,美国、欧盟、日本等发达国家或地区希望联手主导全球贸易和投资规则的制定,力图以抱团取暖的方式捍卫其国际经贸规则制定者的地位,继续维护既得利益。目前,以跨太平洋伙伴关系协定(TPP)/全面与进步跨太平洋伙伴关系

③ See Andrea Frontini, *Advancing the EU-Japan Strategic Partnership in a Transforming Global Environment: Challenges, Opportunities and Prospects*, Policy brief, European Policy Centre, Brussels, 3 Mar 2016.

协定(CPTPP)、[4]美欧双边自由贸易协定(TTIP)、[5]加拿大与欧盟之间的CETA、[6]欧日EPA为代表的新型跨区域协定的主要成员均是过去对世界贸易组织谈判和决策起掣肘作用的“四方集团”[7]。这些西方发达国家或地区欲通过制度领域的合作,共商国际贸易新规则,重建对西方有利的国际政治经济新秩序。欧日同属西方发达国家的阵营,共同面对着金砖国家崛起带来的新格局,希望通过与对方的紧密合作,共同巩固和提升双方在世界经济体系中的地位,在为世界经济制定新的游戏规则的博弈中占有一席之地,争夺更多的主导权和话语权。

(三)“特朗普冲击”催生欧日EPA问世

美国掀起的贸易保护主义浪潮使得欧盟和日本不得不联合起来抵抗逆全球化浪潮的侵袭。特朗普奉行“美国优先”的执政理念,他不仅宣布退出等待签署生效的TPP/CPTPP、冻结TTIP和TISA谈判,[8]重谈欧韩FTA和NAFTA,还断然宣布对其贸易伙伴出口到美国的产品增加关税。美国退出TPP/CPTPP对日本来说是一个严重的打击,使日本欲在2018年年底实现日本FTA覆盖率由19%提高到70%的目标成为泡影,[9]还破坏了日本的FTA战略布局,将构建国际经贸关系的重心放在美国的计划落空。由于特朗普支持英国脱欧,推行单边主义和贸易保护主义,搁置TTIP等做法,欧盟也陷入

---

④ 《跨太平洋伙伴关系协定》(Trans-Pacific Partnership Agreement,TPP)。2017年1月23日,特朗普宣布美国正式退出TPP,后该协定由日本牵头继续推进谈判,同年11月11日,除美国外的11国签署协定,并更名为《全面与进步跨太平洋伙伴关系协定》(Comprehensive and Progressive Agreement for Trans-Pacific Partnership,CPTPP)。为行文方便,下文统一表述为TPP/CPTPP。

⑤ TTIP指美欧《跨大西洋贸易与投资伙伴协议》(Transatlantic Trade and Investment Partnership),截至2016年10月7日,经15轮磋商后,一直处于中止状态。

⑥ CETA指欧盟和加拿大签订的《综合经济贸易协定》(EU-Canada Comprehensive Economic and Trade Agreement),是欧盟首个大型综合性自贸协定,于2017年9月21日进入临时生效阶段,即目前适用CETA中关于货物、服务贸易自由化相关规定,对投资章节中的争端解决机制等规定尚未适用,需要经过欧盟各成员国国内完成批准手续后,才能全面生效。

⑦ 即美国、欧盟、日本和加拿大。

⑧ TISA指《服务贸易协议》(Trade in Service Agreement),由美国主导,截至2016年11月10日,经21轮磋商,其文本框架已基本成型,核心原则与主要内容初见端倪,特朗普上台后,TISA谈判被搁置。

⑨ 内閣府「日本再興戦略」,2013:19。

了与日本相似的窘境中，亟须调整欧盟的自贸区策略，积极拓宽对外贸易之路以发展经济。同时，欧盟又需要笼络新的合作伙伴，共同对抗美国不断施加的压力，而欧日 EPA 恰好为双方带来了解决之道。在美国于 2017 年年初宣布退出 TPP/CPTPP 和冻结 TTIP 谈判之后，欧日 EPA 的谈判速度明显加快并就主要议题迅速达成一致，这并非巧合。⑩

事实上，欧日 EPA 的签署对日本和欧盟都有额外的溢出效应。对于欧盟而言，欧日 EPA 既可以对冲英国脱欧带来的损失，又能对抗美国企图垄断亚太市场并独享该区域经济规则制定权的局面。对日本而言，美国在退出 TPP/CPTPP 后，向日本提出了签订美日双边 FTA 的想法，目的是逼迫日本在农产品、汽车等领域作出比 TPP/CPTPP 更大的让步。面对美国的猛烈攻势，日本认为，与欧盟尽快构建经济伙伴关系，能够使日本在对美谈判时获得一定的主动权，让美国有所顾忌；⑪还可缓解欧韩 FTA 给日本带来的贸易转移效应。2011 年 7 月，欧韩 FTA 生效，欧韩间贸易额在短短两个月内就提升了 11.9%，其中，韩国汽车及汽车零部件的对欧出口数量显著增加，严重挤压了日本汽车在欧盟市场的占有率。因此，日本希望通过与欧盟签订欧日 EPA 来应对快速推进的欧韩 FTA 对日本造成的冲击。

（四）符合欧日国内经济发展的诉求

扭转国际金融危机以来双边贸易下降的趋势，充分发挥双边贸易对经济增长的拉动作用，是启动欧日 EPA 谈判的关键动因。欧日间经贸往来交易额惨淡，且不断萎缩，从 2000 年到 2008 年，欧盟对日进出口额占欧盟进出口总额的比例从 9.3% 下降到 4.8%，日本对欧进出口额占日本进出口总额的比例从 13.2% 下降到 9.5%。2016 年，欧日间年贸易规模仅刚刚超过 1000 亿美元，占欧盟总贸易额的 3.6%，甚至少于欧盟与土耳其间的贸易额。⑫ 欧盟

---

⑩ See Irina Angelescu, *EU-Japan partnership agreements herald new era of closer cooperation*, European Council on Foreign Relations (29 January 2018), https://www.ecfr.eu/article/commentary_eu_japan_partnership_agreements_herald_new_era_of_closer_coopera.

⑪ 参见张晓通等：《欧日自由贸易区谈判及其对中国的影响》，载《欧洲研究》2013 年第 4 期。

⑫ 欧盟与土耳其间贸易额占欧盟总贸易额的 4.2%。

决策层认为,欧日间现有的贸易和投资往来量远远低于双方间应有的水平。因此,欧日 EPA 将对未来欧日双边经贸合作产生强烈的刺激作用,大大激发欧日之间的经济潜力,不仅能及时遏制欧日双边经贸关系弱化的趋势,还能最大限度地刺激对外进出口贸易、增加投资、创造更多的就业机会。

事实上,欧盟和日本于2013年3月正式启动了构建双边经济伙伴关系的谈判。观察欧日 EPA 谈判进程(见表2)可以发现,2017年以前,谈判工作都处于不瘟不火的稳步推进状态,在特朗普于2017年1月宣布正式退出 TPP/CPTPP 后,欧日都意识到合作的重要性,一致同意加速欧日 EPA 谈判进程。欧日 EPA 于2017年年底结束谈判,并最终于2018年7月正式签署,欧日 EPA 共经历5年18轮谈判,谈判进程之快超出世界各国的想象。同年12月8日和12日,日本国会和欧洲议会相继通过了欧日 EPA。⑬ 至此,欧盟和日本都完成了对欧日 EPA 的国内审核程序,该协定于2019年2月1日生效。⑭

表2 欧日 EPA 的谈判历程

日期	会议名称	意义/成果
2010年	欧盟—日本双边会议	达成了加强包含贸易在内的全面合作关系的共识
2011年	第20届欧盟—日本首脑会议	启动界定谈判范围的咨商(scoping exercise),⑮为欧日 EPA 做准备
2013年3月	欧日首脑电话会议	正式启动欧日 EPA 谈判
2013~2014年	欧日 EPA 谈判第1~8轮	就货物贸易、服务贸易、投资、知识产权、非关税壁垒、政府采购等内容交换意见

⑬ 参见王晓武:《不得不防! 日欧这个协定将对中国产生直接冲击》,载参考消息网2018年12月18日,http://money.163.com/18/1219/08/E3CHVFMI00258105.html。

⑭ 参见孙秀萍、雁初:《日欧 EPA 生效,全球最大自贸区诞生》,载环球网百家号2019年2月2日,https://baijiahao.baidu.com/s? id=1624317005033525398&wfr=spider&for=pc。

⑮ Council of European Union, 20th EU-Japan Summit Brussels, 28 May 2011, Joint Press Statement, Presse 162-11015/11, Brussels. 随着日本于2012年5月承诺削减国内非关税贸易壁垒并逐步开放铁路、城市交通市场等公共采购市场并得到欧盟的认可,咨商程序结束,欧日 EPA 的谈判迈出实质性的一步。

续表

日期	会议名称	意义/成果
2015年	欧日EPA谈判第9～13轮	就货物贸易的市场准入问题和投资问题交换意见
2016年	欧日EPA谈判第14～17轮	重点就关税减免、投资、非关税壁垒、政府采购四个核心议题深入交流
2017年4月3～5日	欧日EPA谈判第十八轮	就核心议题达成一致
2017年7月6日	第24届欧盟—日本首脑会议	宣布欧日EPA达成原则性协议
2017年12月	欧日联合公告	欧日EPA已完成除投资争端外的所有谈判
2018年7月17日	第25届欧盟日本首脑会议	正式签署欧日EPA和《欧盟—日本战略伙伴关系协定》
2018年12月	日本议会投票通过欧日EPA（474票赞成、156票反对、40票弃权）	

三、欧日EPA文本的主要内容及特色

欧日EPA是欧日双方签订的最大规模的自贸协定，也是日本达成的自由化率最高的自贸协定。欧日EPA由正文23章28节和7个附件两部分组成，共计424条。其涵盖货物贸易、原产地规则与程序、技术性贸易壁垒、服务贸易和投资自由化、政府采购、知识产权、贸易与可持续发展等内容。协定取消了欧日间九成以上的关税，消除了大部分非关税贸易壁垒，还包括一系列国际经贸新规则。欧日EPA覆盖的热门议题之多、确定的标准之高、产生的意义之深远，远超其他自贸协定。尽管欧日EPA未就与投资相关的事宜和投资争端解决方式达成一致，但基本囊括了欧盟与日本间经贸往来的主要领域，

在继承欧盟一如既往的高标准的同时,也做出了许多创新之举。

(一)大幅度削减关税,扩大市场开放范围

根据欧日EPA,双方大幅度取消关税、逐步降低对方优势领域产品的进口关税直至为零是欧日EPA的最大亮点。具体来说,欧盟取消约99%的日本进口商品的关税,其余1%通过关税削减实现部分自由化;日本取消约94%的欧盟进口商品的关税,其中农林水产品关税自由化率为82%,工业制品为100%。[16] 应当指出,日本在欧日EPA中的关税自由化程度是前所未有的,[17]在既存的类似自贸协定中,也鲜有比欧日EPA更广泛的关税自由化率,这将极大地刺激欧日间的贸易往来。从行业来看,欧盟的乳制品市场、日本的汽车制造业为欧日EPA的最大获益者,因而欧日EPA也被戏称为"汽车换奶酪"。协定生效后,欧盟对日本汽车征收的关税将从现行的10%逐步降低,直到协定实施第8年变为零关税。其中,九成以上的汽车零部件关税将在协定生效后立即取消。[18] 与此相对应,日本对欧盟生产的奶酪征收的28.9%的关税将在协定生效后15年内取消,关税配额制将完全覆盖欧盟目前的出口,且约定随着日本奶酪消费量的增长,配额将随之增加;欧盟出口至日本的第一大农产品——猪肉,有望大幅降低关税配额的门槛,高价值削减的4.3%从价税将在10年内逐步取消,低价值削减的从量税率将在10年内从482日元/公斤(3.82欧元/公斤)降至50日元/公斤(40美分/公斤)。此外,在敏感经济领域,双方同意设置较长的过渡期,都为国内相关产业争取了一定的发展空间和缓冲期。

---

⑯ 日本外务省经济局:《日EU·EPA》,载日本外务省经济局网,https://www.mofa.go.jp/mofaj/files/000382204.pdf。

⑰ 自由化率是指一国在与他国的自贸协定中规定的零关税产品在全部商品税目种类里占到的比例,日本FTA中自由化率一直是被诟病的点,在欧日EPA签署前的整体FTA自由化率为82.2%,与近几年发达国家95%以上FTA自由化率相比差距甚远,这主要归因于日本农业天生的脆弱性、农协等利益团体的影响以及日本国内选举制度、行政体系制度的制约。

⑱ 参见日本经済産業省:《我か"国及ひ"EUへの市場アクセスに 関する大枠合意結果の概要》,载日本经济产业省网,http://www.meti.go.jp/policy/trade_policy/epa/file/kogyoseihin-kanzei.pdf。

(二)从多个维度提升贸易自由化与便利化

一直以来,欧日间双边贸易额徘徊在1294亿欧元左右,仅2017年,欧盟商品出口至日本604亿欧元的商品,出口至日本的服务贸易金额约280亿欧元;日本出口至欧盟688亿欧元的商品。⑲ 同年日本对欧盟直接投资为130亿欧元,⑳而欧盟对日本投资数量有限,主要归结于双方间设置的繁重的非关税贸易壁垒。丹麦经济学家曾估算,若日本和欧盟都将关税降至零,并大幅减少非关税贸易壁垒,将使欧盟对日出口额增长70%,日本对欧盟出口额增长60%。㉑ 因此,为最大限度地挖掘欧日间经贸往来的潜力,欧日EPA重点从以下两个维度提升贸易自由化水平。

其一,取消绝大部分非关税贸易壁垒。根据一些欧盟公司的反映,日本长期存在与国际通行标准兼容度很低的技术法规、各行业相异且繁杂的合格评定程序、重复的产品检验制度、歧视性的行政规定等非关税贸易壁垒,导致了欧盟企业产生了较高的合规成本,即出口到日本的产品的平均成本提升了10%到30%。㉒ 基于此,日本作出了让步,在产品标准方面,协定规定"制定国内技术法规和合格评定程序时以相关国际标准为基础,除非其有充分理由证明相关国际标准无效或不适当";在透明度方面,双方同意在制定可能对贸易产生重大影响的技术法规或合格评定程序时开放咨询程序,公布评估文件,允许对方当事人参与咨询程序并提出意见。同时,双方应在门户网站公布所有的技术法规和合格评定程序,并提供英文版本,从而解决了欧日间法规标准透明度不高和语言存在障碍的问题。在汽车领域,欧日一致同意通过

---

⑲ 参见木合塔尔·木拉提:《欧盟与日本签署经济伙伴关系协定》,载哈萨克国际通讯社网2018年7月18日,https://www.inform.kz/cn/article_a3323739。

⑳ 参见《2017年欧盟外国直接投资流量大幅下降》,载商务部网,http://www.mofcom.gov.cn/article/i/jyjl/m/201807/20180702767895.shtml。

㉑ See Dieter Smeets, *A Free Trade Agreement Between EU and Japan—What is to be Expected*?, Asia Europe Journal, 13, 57-73(2015).

㉒ See Grzegorz Mazur, The European Union-Japan FTA Negotiations. Access Barriers for European Business to the Japanese Market. Review of Integrative Business and Economics Research, Vol.5, No.4, p.47-79, October 2016; Grzegorz Mazur, Masaaki Takemura, The EU-Japan Trade Cooperation: Towards a Free Trade Agreement,『明大商学論叢』第9卷第2号。

适用联合国关于汽车技术的相关条例以及全球统一的汽车技术法规,以实现各方监管要求的趋同;同时,相互承认和批准汽车类型,即接受依据《1958年协定书》规定的由类型认可证书所确认的产品,㉓无须进一步测试、认证、使用文件证明或标记,这些规定解决了困扰欧盟汽车制造商的标准不一致和重复检验的问题。另外,针对欧盟制造商因对《关于良好生产实践的相互承认协定》(以下简称MRA-GMP)覆盖范围不够而产生的不满,欧日同意将MRA-GMP项下制药附件中产品的范围扩大至新药品,还囊括了化学药品、活性药物成分和生物药品(包括免疫制品和疫苗等)以及中草药等。㉔

其二,放宽政府采购市场准入限制。欧盟企业指出,日本没有很好地履行其作为WTO《政府采购协议》(Government Procurement Agreement,GPA)成员应承担的义务,其诸多保护行为严重阻碍了欧盟供应商正常进入日本招投标市场(见表3)。日本也作出了针对性的改进,如建立专门网站公开所有政府采购招标信息、简化政府采购市场招标环节的行政手续等,解决了部分制度性桎梏。此外,日本政府还接受了在非歧视制度下在"核心城市"(日本48个中央大城市)开放公开采购的要求,这意味着欧盟取得了对相当大的市场的准入机会,有利于扭转欧日间政府采购市场开放比例严重不对等的现状。作为回报,欧盟同意在次中央层面作出类似的承诺。在铁路运输装备部门,日本同意撤销被欧盟企业诟病已久的"操作安全条款"的适用,㉕从而对所有拥有超过40万特别提款权的铁路采购商开启安全相关的铁路采购。与此相适应,欧盟承诺开放铁路沿线地区的铁路设施的采购,城市铁路区域释放的铁路车辆采购价值与取消"操作安全条款"后的日本合同估值应基本相当或持平。

㉓ 《1958年协议书》的全称是《关于对轮式车辆、可安装和/或用于轮式车辆的装备和部件制定全球性技术法规协议书》。

㉔ See *EU-Japan Mutual Recognition Agreement Sectoral Annex on Good Manufacturing Practice for Medicinal Products*, Ministry of Foreign Affairs of Japan (18 July 2018), https://www.mofa.go.jp/ecm/ie/page25e_000212.html.

㉕ "操作安全条款"条款赋予了日本行政部门可基于合法的安全目标来限制合同的权利,日本政府常以此为借口将外国供应商的投标排除在外。

表3 日本政府在政府采购领域的保护行为

序号	具体保护行为	表现
1	覆盖范围不足	日本作为GPA的成员方,却没有开放GPA范围下的一些重要战略部门,而且日本当局在解释GPA时也存在一定任意性
2	先前经验要求	在日本提供商品或服务的供应商必须具有相关经验,并且经验必须是在日本领土内获得的
3	限制性招标问题	单一投标人或限制性招标行为广泛存在
4	外国投标人高价值合同标的要求	日本规定次级中央政府实体的建筑工程,只有超过1500万特别提款权的合同才向外国投标人开放,而这一限额在欧盟仅为500万特别提款权
5	信息查询问题	日本国内缺乏一个能够提供所有政府采购信息的平台,导致欧盟供应商难以获取政府采购信息
6	语言问题	日本提供的大部分英文采购信息仅限于摘要版本,大多数后续查询和行政程序说明只有日文版本

资料来源:根据《欧盟—日本自由贸易协定谈判》,区别企业进入日本市场的准入壁垒整理而成。

(三)将减让期制度融入泛欧原产地规则

在原产地规则上,欧日EPA沿用了欧盟最具影响力的泛欧原产地规则,并在附录3-B-1“有关车辆和车辆部件的规定”中,创造性地将减让期制度融入产品特定原产地标准,即规定所生产的汽车或汽车零件中所含的非原产材料(Non-Originating Material,NOM)的比例在经过若干年减让期后应逐步下降(见表4),这一规定是欧日EPA的首创,赋予产品特定原产地标准一定的灵活性。通过与CETA比较可以发现,欧盟在欧日EPA中提高对汽车产品设定的原产地标准,且对乘用车的要求尤其苛刻,不仅限制了非原产材料价值在产品出厂价中的占比,更要求这一比例逐年下降。欧盟设立这一制度的目的是削弱日本汽车的价格优势,欧盟在关税领域为日本汽车放开了所有的关税限制,此举无疑会使价格低、耗油少的日本汽车大量涌入欧盟市场。为缓解欧日EPA给欧盟汽车生产商造成的过度冲击,欧盟欲通过改变原产地标准,使日本在生产对欧出口的整车时,必须在国内对从他国进口的原料进行充分加工,以使所用零件取得原产地资格。而日本国内的劳动力成本高,这一规定可以有效限制日方在生产整车时直接使用从他国进口的成品零件的搭便车行为,提高日本汽车进入欧盟市场时的成本,降低其竞争力,防止日本汽车过分挤占欧盟汽车的市场。

表4 欧日EPA和CETA对汽车产品原产地标准的规定对比

产品	欧日EPA	CETA
乘用车(HS[1]标题:8703)	使用的所有非原产材料的价值在产品出厂价格中的最大占比从第一年到第三年年底为55%,从第四年到第六年年底降为50%,从第七年开始下降到45%	使用的所有非原产材料的价值不超过产品出厂价格的70%
装有发动机的汽车底盘(HS标题:8706)	使用的所有非原产材料的价值在产品出厂价格中的最大占比从第一年到第五年年底为55%,从第六年开始下降到45%	使用的所有非原产材料的价值不超过产品出厂价格的50%
汽车的零件、附件(HS标题:8708)	使用的所有非原产材料的价值在产品出厂价格中的最大占比从第一年到第三年年底为60%,从第四年开始下降到50%	使用的所有非原产材料的价值不超过产品出厂价格的50%

注:[1]HS编码在WCO官方术语中,是协调商品描述和编码系统,或更普遍地称为协调系编。它是一种国际标准化的分类系统,用于对在全球范围内交易和运输商品进行分类,HS编码由政府间组织世界海关组织开发。

资料来源:根据欧日EPA附录3-B-1和CETA《原产地规则和原产地程序议定书》整理而成。

在原产地程序上,欧日EPA采用双轨制的原产地证明形式,即优惠关税待遇的要求可基于出口商原产地声明(Exporter's Statement of Origin)或进口商明知(Importer's Knowledge)。这种双轨制的证明形式可以大大降低双边贸易中货物原产地的证明难度,提高原产地证明的灵活性,同时增大了双方货物获得优惠关税的概率,提高认证效率,符合进出口商的利益。

(四)进一步扩大地理标志清单的覆盖范围

在地理标志保护方面,欧日EPA中的相关内容体现了欧盟一贯的高标准要求,并在CETA的基础之上又做了一次较大幅度的扩充,受保护的欧盟和日本地理标志分别增至200多个和100多个。另外,还免除了申请人用于注册地理标志的所有相关费用或税款,免除了地理标志持有人请求相关保护的行政成本。欧日EPA以清单的方式对地理标志保护范围作出界定,在体例上借鉴了欧盟的保护模式,将其分为葡萄酒、烈性酒及其他酒精饮料和农产品,这是此种体例首次应用于欧盟对外签订的FTA之中。与2016年签订的CETA相比,可以清楚地看出,欧盟在CETA中的地理标志清单涉及14个成员国的171个地理标志,在欧日EPA中已扩大到覆盖23个成员国的219个地理标志,参与国增加了64.3%,地理标志数量增加了28.1%,欧盟对地理标志的保护和重视程度可见一斑。可以预料,欧盟地理标志保护清单会随着时间的推移而逐步扩充。与此相对应,日本以往签订的所有自贸协定中涉及地理标志的保护时仅在单个条文中作出原则性规定,并未罗列出具体清单。在与欧盟签订欧日EPA的过程中日本受益匪浅,从中汲取了欧盟对地理标志保护的有益经验,它极大地提高了日本对于地理标志保护的重视程度,有助于未来与其他国签订自贸协定时将其作为模板或参照系。

(五)强化对电子商务中个人数据的保护

在电子商务方面,欧盟和日本均充分认可保护个人数据的重要性。作为保护个人数据信息的领路人,早在1995年,欧盟就颁布了《数据保护指令》。2018年5月25日,被称为史上最严格的数据保护法案——《通用数据保护条例》(General Data Protection Regulation,GDPR)在欧盟正式实施,意味着欧盟将数据保护问题提高到了更加重要的层次,充分显示了欧盟一贯的对于个人数据保护的重视态度,体现了欧盟追求“单一数字市场”的题中之义。[26]

---

[26] 在欧盟法的体系中,指令(directive)和条例(regulation)是两种不一样的法律形式:指令不直接适用于各成员国,还需由成员国自己转化成为国内法,成员国在转化过程中具有一定的自主裁量权;而条例则对成员国具有直接适用的效力。从《欧盟数据保护指令》到GDPR,统一的法律是欧盟实现内部数字市场单一化的第一步,有助于欧盟各成员国更紧密地融为一体。

在欧日EPA签署的前一日,欧日同意承认彼此的数据保护系统为"对等",这将很好地补充了欧日EPA中关于数据保护的相关规定。[27] 为了达到欧盟标准,日本承诺在欧委会正式通过该决定之前,实施下列保护公民个人数据的附加保障措施:一是制定一套规则,为个人资料被转移到日本的欧盟个人数据提供额外的保障,以弥合两个数据保护系统之间的差异,这些规定可由日本个人信息保护委员会(Personal Information Protection Commission,PIPC)和法院强制执行,对从欧盟进口数据的日本公司具有较强约束力。二是确立投诉处理机制,用以调查和解决欧盟个人关于日本政府机构访问他们数据的投诉,该机制便于日本独立数据保护机构行使管理和监督的权力。[28] 欧日EPA签署后,欧日双方一直就将数据自由流动的规定纳入协定的必要性交换意见。双方现已启动正式谈判,2022年10月24日,双方在比利时首都布鲁塞尔进行第一轮磋商。可以预见,一旦该决定通过,欧盟和日本私人之间为商业目的交换的个人数据及政府机构之间为执法目的交换的个人数据将适用最高水平的保护模式,从而创造出世界上最大的安全数据流领域,势必将促进电子商务事业和人工智能产业的快速成长。

(六)明确承诺应对气候变化和执行《巴黎协定》

纵观国际气候谈判历程可知,欧盟和日本是其中最积极也是最有力的两股核心力量,欧日在节能减排立法、技术和行动方面一直处于领先地位,均具有强烈的推动诸如《京都议定书》《巴黎协定》等气候协定制定、批准和实施的意愿。因此,双方在欧日EPA中达成了应对全球变暖、保护生物多样性、支持林业渔业可持续发展坚定承诺,重申了重要多边国际环境协定的重要性;并规定双方将有效执行《联合国气候变化框架公约》和《巴黎协定》,通过合作推进贸易对减排温室气体、增强气候适应性的积极贡献,努力以符合本协

---

[27] 欧日EPA仅在第八章的第81条提及有关数据自由流通的内容,即"双方应在本协定生效之日起三年内重新评估是否有必要将数据自由流动条款纳入本协定"。

[28] *EU-Japan Summit: A Landmark Moment for Trade and Cooperation*, European Commission (17 July 2018), https://ec.europa.eu/cyprus/news/20180717_3_en.

定的方式促进与气候变化有关的货物贸易、服务贸易和投资，承诺共同采取行动，遏制气候进一步恶化的态势。这些条款充分表达了欧日对气候问题的重视和合力应对全球变暖问题的决心。

四、结语

进入21世纪后，区域经济一体化的发展趋势越发明显，各类区域集团组织不断兴起，各国也积极推进自己的FTA发展战略，通过签订双边、区域自贸协定获取更优惠的贸易投资条件，力争在国际经贸投资新格局中处于有利地位。因此，对新生效的欧日EPA进行透彻剖析和系统研究对我国而言具有较大的理论意义和实践价值。欧日EPA是迄今达成的最大规模的双边自贸协定，是新一代跨区域自由贸易协定的典型代表，不仅蕴含了浓厚的自由贸易精神，也涵盖了诸多创新性制度安排。在我国对内全面深化改革，对外加快走出去的步伐，推进“一带一路”倡议的大背景下，可以借鉴欧盟、日本FTA战略发展的有益经验，科学合理地规划中国未来自贸协定的布局，在中东、北欧、中东欧国家等盲点区域寻求新的突破，争取与更多体量大、实力强的发达国家构建双边FTA，实现我国自贸区网络体系的超常规和跨越式发展，真正构建起立足周边、辐射“一带一路”、面向全球的高规格的自贸区网络体系。另外，在中国特色自贸区的建设中发出更多中国声音，不断丰富多重保障机制，完善负面清单的承诺方式，建立健全地理标志保护体系，尽早探索出适合我国国情的能够调整和规范自贸区各方面关系的一整套具体、灵活的中式FTA范本，以应对逆全球化、单边主义和贸易保护主义抬头所带来的挑战。

《上外贸涉外法治论丛》(第 1 卷)
第 66 ~90 页

个人数据跨境流动法律规制的域外实践及本土规则完善

王　珉*　余相山**

一、个人数据跨境流动的国际规制概况及中国完善自身规则的紧迫性

2020 年 6 月,世界经济论坛发布了《数据跨境流动路线图:面向数据经济的准备与合作》白皮书(A Road-map for Cross Border Data Flows: Future-Proofing Readiness and Cooperation in the New Data Economy),其在数据跨境自由流动原则、数据保护机制、网络和数据安全、加强国与国之间的合作等方面进行了分析,强调了数据的跨境流动

* 上海海关学院海关法律系副教授。
** 西南政法大学国际法硕士研究生。

对世界经济发展的推动。[①] 随着数字经济、跨境电商的发展,个人数据的跨境流动已经成为推动国际贸易中货物、人、服务、资金流动的不可或缺的要素。在这种客观条件下,个人数据的自由跨境流动是企业实现其利益的重要途径,跨境的传输、利用、处理个人数据变得越来越频繁。因此就形成了贸易促进数据大量的跨境流动,而数据的跨境流动会进一步促进贸易的发展的局面。在互联网时代,个人数据愈加体现出人格权和财产权的性质,同时个人数据的跨境流动还常常涉及国家安全和数据主权。这就导致各国基于不同的价值和利益在国内法和国际法层面对个人数据的跨境流动进行规制。

经济合作与发展组织(Organisation for Economic Co-operation and Development, OECD)于1980年和1993年制定了《关于隐私保护和个人数据跨境流动的指南》(Guidelines on the Protection of Privacy and Transborder Flows of Personal Data)。联合国大会在1990年通过了《计算机处理的个人数据文档规范指南》(Guidelines for the Regulation of Computerized Personal Data Files)。亚太经合组织(Asia-Pacific Economic Cooperation,APEC)在2005年通过了《隐私保护框架》(Privacy Framework),并于2015年进行了修订。2019年1月,在世界贸易组织(The World Trade Organization ,WTO)框架下,75个国家和地区签署了《关于电子商务的联合声明》(Joint Statement on Electronic Commerce)。上述多边层面的规则,大多属于"软法"性质,缺乏强制约束力,同时由于各个国家难以在多边法律框架下就跨境数据流动规则达成一致。美欧发达国家开始寻求其他能够让更多国家以更便利方式参与的跨境数据流动机制。

2018年5月,欧盟《通用数据保护条例》(General Data Protection Regulation,GDPR)正式实施。其要求个人数据在欧盟与第三国之间流动必须满足充分保护原则,并结合适当的保障措施、例外措施对充分保护原则进

---

① *See A Roadmap for CrossBorder Data Flows: Future-Proofing Readiness and Cooperation in the New Data Economy*, Word Economy Forum (9 June 2020), https://www.weforum.org/whitepapers/a-roadmap-for-crossborder-data-flows-future-proofing-readiness-and-cooperation-in-the-new-data-economy.

行补充,由此建立了严格的个人数据跨境流动的规则。在国际规制层面,一方面,欧盟积极推动以GDPR的充分性认定原则为基础的双边合作,扩大数据跨境流动的范围。另一方面,欧盟也愿意与“志同道合”的国家建立多边的数据流动圈。2020年2月19日,欧盟委员会(European Commission)公布了《欧盟数据战略》(A European Strategy for Data),欧盟委员会在《欧盟数据战略》中表达的愿景源自欧洲的价值观和基本权利观。② 该战略要求数据可在欧盟内部和各部门之间自由流动,但要充分尊重欧洲的规则和价值观,特别是个人数据保护立法。2020年11月25日欧盟委员会提出了《数据治理法案》(Data Governance Act,DGA),作为《欧盟数字战略》下的第一个成果。③ 该法规将促进整个欧盟以及各部门之间的数据共享,从而在增强公民和企业对数据掌控力度和信任程度的同时,为欧盟经济发展和社会治理提供支撑。事实上,欧盟对数据的跨境流动实行的是一种“内松外紧”的政策,“内松”强调数据在欧盟内部的自由流动,并试图建立欧盟单一数据市场。“外紧”强调数据向欧盟外的流动必须要满足严格的条件。同时,欧盟在构建数据跨境流动朋友圈时,强调宁缺毋滥,即只与尊重其规则和核心价值观的国家交朋友。欧盟正是基于此种政策,加强对包括个人数据在内的各种数据的管控和治理,并将数据资源的争夺与保护上升到战略博弈和产业政策的高度。

在双边协定层面,早在2012年的《美—韩自由贸易协定》中,就有对跨境数据流动适用一些软义务条款的规定,2019年美韩对之前的自由贸易协定进行了修订,其承认保护个人数据的重要性,同时规定双方应该避免对数据的流动施加不必要的障碍。2020年,时任美国总统特朗普签署了修订后的《美国—墨西哥—加拿大协定》(The United States-Mexico-Canada Agreement, USMCA)。USMCA基本上继承了《跨太平洋伙伴关系协定》(Trans-Pacific Partnership Agreement,TPP)对数据跨境流动的强制性规定。同时美国积极推

---

② A European strategy for data,COM(2020) 66 final.

③ Data Governance Act,COM(2020) 767 final.

广在《APEC 隐私保护框架》的基础上形成的《跨境隐私规制体系》(Cross Border Privacy Regulation,CBPR)。CBPR 是美国推动的基于“行业自律”并用于全球个人数据跨境流动的互通机制。同时美国也在积极利用其在数据经济和互联网领域的优势,制定《澄清境外数据的合法使用法案》(Clarify Lawful Overseas Use of Data,CLOUD)等具有“长臂管辖”效力的法案,试图形成“数据霸权”。

中国在对数据跨境流动的规制上一直强调“安全有序的流动”,主要以数据本地化和安全审查作为制度的基础。就中国的角度而言,其更加注重国家层面的安全。在国际法层面,2020 年 11 月 15 日《区域全面经济伙伴关系协定》(Regional Comprehensive Economic Partnership,RCEP)正式签署。RCEP 的电子商务章节规定了各缔约方制定数据本地化和数据跨境流动政策的基本原则,提出了不同于美欧模式的数据跨境流动规则。

未来随着人工智能、物联网、大数据计算和区块链等技术的发展,数据必然成为提高企业效率,促进经济发展的重要资源。个人数据不仅是个人权利的一部分,还能产生经济利益,对数字经济的发展起着至关重要的作用。

2020 年 9 月,时任国务委员兼外交部长王毅在全球数字治理研讨会上提出了《全球数据安全倡议》。④ 该倡议强调了数据的自由流动,并倡议各国不得强制境外数据本地化存储,跨境调取数据应当尊重他国主权、司法管辖权和对数据的安全管理权。可以看出中国对数据的跨境流动问题开始逐渐重视。目前,世界经济朝着数字化方向转型,数据驱动的趋势越来越明显。对于中国而言,既要确保个人数据的跨境自由流动,充分发挥其对经济的推动作用,也要面对如何与个人权利保护进行平衡和应对欧盟、美国的个人数据跨境流动规则的扩张以及数据战略的全球博弈等问题。随着世界走向新冠疫情(COVID - 19)之后的经济复苏,数字贸易对个人数据跨境流动的需求剧增,中国构建符合自身价值和利益的个人数据跨境流动规则的紧迫性日渐显

④ 《全球数据安全倡议》,载 http://www.gov.cn/xinwen/2020-09/08/content_5541579.htm,2021 年 3 月 14 日访问。

现。本文通过对欧盟、美国个人数据跨境规则进行初步分析和比较,分析数据自由流动与数据安全的平衡,并结合国情对构建我国个人数据跨境转移的规则体系提供可参考建议。

二、欧美对个人数据跨境流动的规制实践

(一)欧盟实践

1. 欧盟个人数据跨境转移法律规制的发展历程

欧盟关于数据跨境转移的法律体系主要由三部法律构成,分别是1981年通过的《关于个人数据自动化处理有关的个人保护公约》(Convention for the Protection of Individuals with regard to Automatic Processing of Personal Data,以下简称《公约》),1995年发布的《个人数据保护指令》(Data Protection Detective,以下简称《指令》)和2018年生效的GDPR。西方哲学思想中的人权理论,是在文艺复兴后由欧洲向全世界发展扩散的。对于欧洲国家而言这些哲学思想对其影响巨大。体现在数据的跨境流动上,《欧盟基本权利宪章》(Charter of Fundamental Rights of the European Union)将个人数据归于个人权利的范畴,并基于对个人权利的保护,使用较为严格的法律去规制数据的跨境流动,特别是向欧盟以外国家的数据流动。

在OECD颁布《关于隐私保护与个人资料跨国流通的指针的建议》(Guidelines on the Protection of Privacy and Transborder Flows of Personal Data)后的第二年,欧洲理事会通过了《公约》,这两部法律可以说是第一代规制数据跨境流动的代表。《公约》产生的背景是20世纪70年代经济的发展导致数据跨境转移的体量日益增大,《公约》除了意在保护个人数据,也意在促进欧洲经济的一体化进程。《公约》主要有两大贡献:第一,提出数据主体不限于自然人,法人也可以作为数据主体。第二,首次提出缔约方之间的跨境传

输要具有同等的保护水平。⑤

随着信息科学技术的进步和全球化进程的进一步深入，对数据跨境转移的法律规制提出了新的挑战和要求。1995 年《指令》比《公约》更进一步地规定了欧盟成员国向第三国传输数据的规则：第一，第三国要具备数据保护的“充分水平”；第二，规定了“充分水平”的例外，即标准合同条款和约束公司规则；第三，《指令》要求各成员国成立独立的数据保护机构，专门负责对个人数据的保护进行监管。⑥ GDPR 相对于《公约》进一步加强了对数据跨境流动的监管，并且从一定程度上体现了欧洲各国的发展趋势。但是《指令》需要由成员国转化为国内法才能适用，因此就给各成员国在立法上留下了解释的空间，成员国各自有不同的理解，从而可能在适用上产生冲突。

2018 年生效的 GDPR 取代了《指令》《公约》，欧盟实行了更为严格的个人数据跨境转移法律制度。⑦ 在规制跨境数据流动的基础上 GDPR 继承了《指令》中的一套较为完整的制度，并在此基础上提出了一些更加符合当今发展实情的规则。同时 GDPR 因为其“单套规制”“高额罚金”“长臂管辖”的特点，被称为“最严格的数据保护法”。

从欧盟的数据跨境法律制度的发展历程可以看出，将个人数据保护与保护个人权利的价值结合，是欧盟个人数据保护立法的出发点。同时，除了有效保护个人基本权利，也一并注重促进欧盟内部统一市场的建立。

2. 欧盟个人数据跨境流动的一般规则——充分保护原则

如果向欧盟以外的第三国传输数据，该第三国必须要满足欧盟所认为的达到“充分保护水平”。欧盟委员会通过“充分性”调查结果来评估第三国的个人数据保护水平，这些调查结果对所有成员国都具有约束力。截至 2021 年 3 月，经批准被认定为达到“充分保护水平”的国家和地区有安道尔、阿根

⑤ See Convention for the Protection of Individuals with Regard to Automatic Processing of Personal Data (EEC)1981/679.

⑥ See Directive on the Protection of Individuals with Regard to the Processing of Personal Data and on the Free Movement of Such Data (EC)1995/46.

⑦ See The General Data Protection Regulation (EU) 2016/679.

廷、法罗群岛、日本、根西岛、以色列、乌拉圭、瑞士、新西兰等。⑧

同时,欧盟也为"充分保护原则"留有余地,在第三国没有达到充分的标准时,则给予数据的主体以适当的保障措施,可以弥补因数据保护水平不够,而给数据的跨境转移构成阻碍的情况。这些适当的保障措施包括:(1)标准合同条款。指数据控制者可依据合适的合同条款承诺保障个人隐私与基本权利。在欧盟委员会批准的2004版本的标准合同中,引入了"第三方受益条款",即将数据主体列为第三方受益人。标准合同模式通过采用"第三方受益条款"让位于不满足"充分保护水平"的欧盟以外的国家或地区的企业可以基于约定的合同条款对个人数据进行保护,从而克服对个人数据跨境转移的限制。(2)企业约束规则。该规则主要针对跨国公司内部的数据跨境传输。申请加入"约束性公司原则"(Binding Cooperate Rules, BCRs)体系的跨国公司,其位于欧盟境内的跨国公司或者代表成员可以向欧盟数据保护机构提交全球隐私政策,该全球性隐私政策被批准后,跨国公司成员之间就可以互相传递个人数据。欧盟在对个人数据跨境流动的规制上,总体是采取自上而下的法律规制方式,而标准合同文本和企业约束规则作为一种自下而上的数据保护方式,在实践中增加了灵活性。欧盟委员会在其官网公布了包括空客、E-Bay、爱马仕、乐高、PayPal等公司在内的符合BCRs的公司列表。⑨ (3)公共机构或实体之间具有法律约束力并可执行的文件转移。欧洲数据保护委员会(the European Data Protection Board, EDPB)在2020年2月24日发布指南,其定义的公共机构包括各级政府以及国际组织,规定了数据转移到第三国的几项最低保障原则,包括数据保护原则、目的限制原则、数据准确性与最

⑧ 欧盟委员会认可安道尔、阿根廷、加拿大(商业组织)、法罗群岛、根西岛、以色列、马恩岛、日本、泽西岛、新西兰、瑞士和乌拉圭提供了充分保护,*Adequacy decisions*, European Commission(30 March 2021), https://ec.europa.eu/info/law/law-topic/data-protection/international-dimension-data-protection/adequacy-decisions_en。

⑨ See *Pre-GDPR BCRs overview list*, European Data Protection Board(21 December 2021), https://edpb.europa.eu/our-work-tools/our-documents/other/pre-gdpr-bcrs-overview-list_en.

小化原则、存储限制原则，并规定了其他适用中的注意事项。[10]

“充分保护水平”体现了欧盟对于个人数据的跨境转移提出的严格要求（见图1），其主要目的是保护个人权利，但同时出于发展数字经济的考虑。

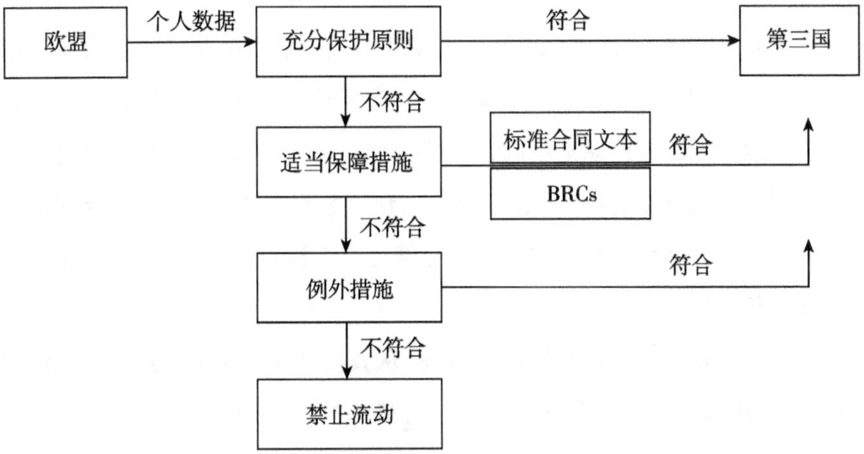

图1　欧盟个人数据跨境流动流程

3. 欧盟“外紧内松”的个人数据跨境流动政策

“外紧”主要指欧盟对个人数据的跨境流动以充分保护原则为基础，附以相应例外措施，建立起了一个严格的法律规制体系。“内松”在于强调数据在欧盟内部的自由流动。从欧盟委员会公布的《欧盟数字战略》《数据治理法案》《关于非个人数据自由流动的指南》都可以看出欧盟力图构建单一数据市场。欧盟在实行“内松”政策的同时，也会对其政策是否符合《欧盟基本权利宪章》对隐私和个人数据基本权利的规定进行评估。

欧盟出于对其经济、政治、历史、文化、法律诉求等多重因素的考量，创建了对数据跨境流动的规制模式。其价值取向是优先保障人权，同时兼具通过数据自由的跨境流动对经济的促进作用。

---

⑩ See Guidelines on articles 46 (2) (a) and 46 (3) (b) of Regulation 2016/679 for Transfers of Personal Data Between EEA and Non-EEA Public Authorities and Bodies.

(二)美国实践

1.“问责制”为主的国内法规制

美国对个人数据的立法保护分散到各领域的部门法中。在经济层面上,美国数字经济高度发达,全球性的互联网企业聚集于此,由于互联网商品和服务本身就具有跨国性,因此对数据跨境流动进行过多限制可能会阻碍互联网企业的发展和创新。所以,美国立法没有明确禁止或者限制数据跨境转移。与欧盟的充分保护原则不同,美国采用行业自律的方式对数据跨境转移进行规制。行业自律这一方式的逻辑是,预设数据控制者会合法、合理地处理数据,保护个人隐私,只有在相应行为侵犯个人权利的时候,才会对相关责任主体进行处罚。

美国形成此种实践有其原因。首先,从其法律文化来看,美国是判例法国家,判例法的特点在于不事先给予一种确定的行为规范指引人们的行为,而是在违法结果发生后对其行为进行纠正。从逻辑上来看,和其以“问责制”的行业自律方式规制数据的跨境转移是相符合的。其次,美国认为政府应该尽量不介入市场,因此在个人数据保护方面主要以行业自律为中心,在违法行为发生后才对相应责任主体进行惩罚。这种立场使美国在对个人数据跨境转移进行法律规制时重视数据自由流动,美国更加希望通过促进数据更高程度的自由流动来维护已建立的信息优势。

2.推崇“数据自由流动”的国际法规制

(1)CBPR 模式

2011 年在美国的推动下,APEC 以《APEC 隐私保护框架》为基础,制定了 CBPR。CBPR 机制并不改变各国国内的个人数据立法,而是要求加入的经济体必须签署《跨境隐私执法协议》以便于执法。内容上,CBPR 针对的对象是涉及个人数据跨境传输的企业,并且在“行业自律”的基础上结合“问责制度”。首先,企业要提出自己的隐私保护框架;其次,接受经 APEC 认证的问责代理机构的评估,若通过评估获得了 CBPR 认证,即被认可为符合隐私保护标准的企业。对于违反《APEC 隐私保护框架》相关条款的企业,可以由隐私保护执行机构进行问责处罚。[11] 但是截至2022年5月,CBPR的适用范围仅有菲律宾、新加坡、韩国、日本、澳大利亚、加拿大、墨西哥、美国等国家,而真正通过CBPR认证的公司只有31家美国企业、3家日本企业和2家新加坡企业。[12] CBPR的参与度较低的原因可能是很多国家的个人数据保护水平已经高于CBPR的保护水平。

(2)美国式个人数据跨境流动规则在自由贸易协定中的体现

2012年《美—韩自由贸易协定》中首次对数据的跨境流动规定了缺乏强制力的条款。而在之后的TPP中出现了更多的具有强制性的条款。例如,TPP第14章第11条规定:"以电子方式跨境传输信息,要求各签署国应当允许个人信息的自由跨境流动,除非是出于正当的公共政策目标。"

2017年美国总统特朗普宣布美国退出TPP。虽然TPP对于美国并未生效,但是其数据跨境流动的规则仍影响着美国之后签署的自由贸易协定。2020年,经修改的USMCA正式生效,USMCA的数据跨境流动条款继承了TPP中大多数的强制性规定。USMCA中增加了承认CBPR作为一种有效的促进跨境信息转移机制的内容,这相当于缔约国之间在授权个人数据出境方面将《APEC隐私保护框架》的相关原则作为统一的保护标准。

3. 美国"外松内紧"的个人数据跨境流动政策

"外松"主要是指美国一直在国际上推动较为宽松的个人数据跨境流动政策,强调数据的自由流动,并不得对其加以不合理限制。无论是CBPR模式,还是USMCA等自由贸易协定模式,美国的战略目的就是使参与国同意一个低水平保护的个人信息跨境流动制度,然后凭借其在互联网领域的优势,便于各国的个人信息向美国聚拢,从而实现对数据资源的掌控。"内紧"主要指美国一直在以国家安全为由制定相应的规则,有效地管控美国境内数据向

---

[11] 参见弓永钦、王健:《APEC跨境隐私规则体系与我国的对策》,载《国际贸易》2014年第3期。

[12] Cross Broder Privacy Rules System (20 March 2021), http://cbprs. org/compliance-directory/cbpr-system/.

外部转移。2018 年美国出台的 CLOUD 明确赋予了美国执法机构跨境调取数据的权力,这就使得对于境外存储的数据,美国也可以出于公共安全等目的进行调取。“内紧”也体现在美国的执法机构享有对境外数据实施长臂管辖的广泛权力,并由此可以对数据实现有效的管控。这样“外松内紧”的制度,可能使美国成为一块巨大的磁铁,吸引全球的数据向此处聚集,同时又因为其巨大的“磁力”而难以挣脱美国的控制。

(三)美欧间个人数据跨境转移规则的冲突及原因分析

欧盟“外紧内松”的个人数据跨境转移政策和美国“外松内紧”的个人数据跨境转移政策,从逻辑上看是冲突的。从欧盟和美国不同规制模式之间的协调实践来看,从美欧间《安全港协议》(Safe Harbor Agreement)到《隐私盾协议》(Privacy Shield Agreement)的达成,再到欧盟法院宣布《隐私盾协议》的失效,可以看出美欧之间的利益和价值有很大的分歧。

1. 美欧《安全港协议》和《隐私盾协议》

欧盟要求成员国禁止向不能提供“充分保护水平”的第三国转移个人数据,而美国恰恰就不符合欧盟的保护个人数据的要求。这导致美国企业在欧盟的经济活动受到了严重的限制。美欧双方出于经济利益考量,经过漫长的谈判,于 2000 年签订了美欧《安全港协议》。《安全港协议》主要还是以行业自律为核心,并规定了七个主要的数据保护原则,在安全港内的企业每年都需要提交企业隐私政策以及相应的书面报告。美国公司隐私保护政策只要符合《安全港协议》的规定,就可加入安全港,然后就会被认为达到了欧盟对个人数据充分保护的要求。同时是否加入安全港是企业的自主选择,安全港要求企业基于自身实际情况进行自我监管和自我约束,积极保护企业掌握的个人数据,只有少数情况下公权力才会介入。由于美欧双方对于数据隐私保护的法律存在巨大差异,使双方数据转移制度之间产生矛盾,并因为一系列的数据泄露和监听事件的曝光而更加强烈,最终导致了《安全港协议》的失效。

美欧双方经过谈判于 2016 年达成了《隐私盾协议》,该协议是对《安全港协议》的改进和完善(见表1)。美国企业加入《隐私盾协议》要遵守的七项基本原则与《安全港协议》类似,只是在其基础上做出了更加详细的规定。首先,《隐私盾协议》加重了美国企业的义务。其次,《隐私盾协议》增加了欧盟公民数据侵权的救济途径,规定了直接向公司投诉、替代性争议解决方案;美国商务部介入未解决的投诉;隐私盾的仲裁机制等救济方式,并且采取其他救济措施的前提条件是个人向公司进行投诉。再次,对美国政府大规模收集数据行为进行监督。最后,由欧盟与美国组成联合审查机构,每年对数据保护情况进行审查,并公布审查结果。

表1 《隐私盾协议》的改进内容

改进方面	改进内容
美国企业的义务和履行	要求企业公开其隐私政策,还要完成定期自证审查,并接受美国联邦相关部门的监督和调查。对义务的违反处以更严厉的惩罚措施
美国政府行政权力配置	要求美国政府向欧盟递交书面声明,并确保行政机构有明确的权力范围和监管机制。任命一个独立于国家安全机构的监察员专门负责对欧盟数据主体提供救济措施
欧盟数据主体救济途径	直接向公司投诉;替代性争议解决方案;美国商务部和联邦贸易委员会介入未解决的投诉;隐私盾仲裁机制
欧美联合审查机制	设置了一项年度联合审查机制,用以监督并确保《隐私盾协议》的正常运作,并由欧盟委员会和美国商务部共同执行。如果美国企业和政府部门未能履行其承诺,欧盟将暂停《隐私盾协议》的运作

但是在2020年7月16日,欧盟法院(Court of Justice of the European Union,CJEU)在Schrems Ⅱ案(数据保护专员诉Facebook爱尔兰和施雷姆斯案)中认定欧盟与美国签订的《隐私盾协议》无效。[13] CJEU否认了《隐私盾协议》的有效性,对美国政府没有进行充分的监督或司法审查进行了批评。《隐私盾协议》的失效标志着美欧跨境数据流动陷入僵局。2020年2月19日,欧

⑬ Data Protection Commissioner v. Facebook Ireland Ltd., Case C-311/18.

盟委员会公布《欧盟数据战略》,明确了其发展数字经济、加强数据的治理、构建单一数据市场等目标,并由此颁布了一系列的指南和法案。这必然导致欧盟与美国在此问题上的分歧会日益加大,未来在数据治理方面可能会呈现欧盟和美国的两极化。

2. 美欧规则冲突的原因分析

一个国家或地区一项法律制度的形成,往往会受经济、历史、文化、政治方面的影响。对于个人数据跨境流动制度而言,正是因为个人数据所附带的经济效益,加上历史文化的附加影响和国家间的数字战略博弈,从而决定了不同的法律规制模式。美欧个人数据跨境流动规则的冲突的实质也是如此。

(1)美国规则——确保国家安全前提下的经济利益扩张

美国在互联网领域有着巨大的先发优势,在社交媒体、搜索引擎、电子商务、云计算等领域都处于全球领先地位,其拥有包括脸书(Meta)、微软(Microsoft)、亚马逊(Amazon)在内的大量的互联网巨头企业。美国制定规则的目标就是巩固和扩大优势,这是其采取"外松内紧"的制度的根本原因。"外松内紧"的制度使美国以国家安全为理由加强了对内的数据管控和治理,同时在国际上积极推动数据的自由流动,并利用其在互联网领域的优势,把各国数据向美国进行引流,巩固和扩大其在数字经济领域的优势。

(2)欧盟规则——人权优先前提下的经济利益平衡

欧盟的互联网基础设施建设,互联网产品和服务的提供,大多被美国和其他国家占据,导致欧盟公司只占据较少的份额。这种客观情况导致欧盟希望进一步去发展数字经济,从而实行"内松外紧"的政策,对数据的跨境流动加以限制。同时从文艺复兴以来,人权至上的思想影响着欧洲各国的经济、政治、文化。《欧盟基本权利宪章》正是人权至上思想的集中体现,其将个人数据作为隐私权的一部分,很大程度上导致了欧盟对个人数据跨境流动采取较为严格的措施。

从另一层面来说,欧盟为了防御美国宽松的数据跨境流动政策,也必须要限制数据的自由跨境流动,从而采取较为严格的措施。但是欧盟又出于对经济利益和自身数字经济发展的考量，强调数据在欧盟境内的自由流动，力求在欧盟各成员国之间达成一致，构建单一的数据市场。

目前，欧盟正在利用GDPR中提供的各种工具，使各国向其靠拢，并提供高水平的个人数据保护。而美国政府则极力推广CBPR模式和USMCA模式，并拉拢其盟友加入，其核心目的是建立低保护水平的个人数据跨境流动规则体系，确保各国不会用采取高保护水平的措施去限制个人数据的自由流动，最终实现全球的个人信息数据向美国聚拢。从这一角度看，美国个人数据跨境转移规则和欧盟个人数据跨境转移规则的冲突趋势会逐渐扩大，且难以调和。

三、个人数据跨境转移规则间的全球博弈

（一）数据自由流动与数据本地化的规则博弈

近年来，跨境数据流动治理规则已成为数字经济下各国博弈的焦点，大量的数据跨境转移规则因此产生。在全球统一治理层面，由于跨境数据流动规则越来越多地受到国家战略、经济发展、互联网技术、国家安全、个人权利保护等一系列复杂因素的影响，国家间就规则的统一始终难以达成共识。目前，各国大多基于本国优先的目标制定跨境数据流动的规则，同时在国际经贸框架下基于自身的立场推动构建跨境数据流动的国际规则。由此，在全球范围内出现了数据自由流动和数据本地化两种规制模式的博弈。

数据本地化是指强制性的法律或行政法规直接或间接规定，相关主体只能在一个特定的管辖权覆盖范围内存储或处理数据。2019年4月，OECD数字经济政策委员会对数据本地化问题开展了国家间调研，截至2020年2月，在收到的29件回复中，11国（38%）称它们在数据治理和隐私监管框架中，有

数据本地化的相关规定,其中部分国家仅对特定类型的数据作出了规定。⑭

数据自由流动是指不对数据的流动附加强制性的规定,只在数据的流动违反法律或者侵犯国家安全时,才加以规制。美国没有联邦层面的数据保护立法,只在特殊领域或者个别州有单独立法,主要原因是担心过多的法律限制会使美国互联网企业丧失活力与优势。⑮ 因此其在国内和国际层面都强调数据的自由流动,反对数据的本地化。而欧盟出于平衡个人权利保护和数字经济发展的目的,主要采取的是充分保护原则等附条件的数据自由流动政策。

各国主要从自身的国情和立场出发对数据本地化政策和数据自由流动政策进行选择。俄罗斯出于自身国情的考虑对个人数据存储本地化的要求相当严苛,俄罗斯《个人数据保护法》第12条规定了个人数据可跨境流动的情形,但是同时也规定数据本地化是跨境传输的前提。印度《个人数据保护法(草案)》要求,个人数据跨境传输须在境内留有副本,并且关键的个人数据必须在位于印度的服务器或数据中心中处理,同时对个人敏感数据的要求则更加严格。新加坡《个人数据保护法》一般情况下允许数据的跨境流动,但是披露或传输个人数据需要数据主体的同意,且与数据接收方签订的合同中应有达到一定水平的数据保护条款,即提供与该法规定基本相当的水平的保护。此外,新加坡没有数据本地化存储的法律要求。日本《个人信息保护法》第24条规定,个人信息处理者将个人数据提供给国外主体应当事先经过数据主体的同意,除非是提供给与日本法律规定的保护水平相当的国家和地区。由此可见,日本与新加坡的规则类似,主要采取的是数据自由流动的政策。澳大利亚1988年《隐私法》规定了跨境披露个人信息的隐私原则。同时规定相应实体必须采取合理的措施,以确保海外接受方不会违反澳大利亚的隐私原则。澳大利亚1988年《隐私法》原则上对于个人数据跨境传输并不禁止,同时也并未规定除个人健康数据外的其他数据的本地化规则。而《中华

---

⑭ 参见OECD官网2021年3月21日,https://data.oecd.org。

⑮ 参见许多奇:《个人数据跨境流动规制的国际格局及中国应对》,载《法学论坛》2018年第3期。

人民共和国网络安全法》(以下简称《网络安全法》)第37条确立了关键信息基础设施运营者的数据本地化和出境安全评估制度。

由此可见,发达国家和发展中国家对个人数据流动的立场是不同的,发达国家的数字经济发展水平较高,认为应该促进数据充分自由流动,最大化数据的经济效益。发展中国家在数据跨境流动的规制上处于防御地位,发展中国家认为数据无限制地自由流动会对国家主权和安全造成负面影响,这是发展中国家大多采取数据本地化政策的原因。在全球范围内,各国对数据自由流动规则和数据本地化规则的选择,往往是由各国的数字经济发展程度、国家安全等因素决定的。这也就导致了两种个人数据跨境流动规制方式在全球范围内的冲突与博弈。

(二)数据主权与长臂管辖的博弈

除了数据自由流动和数据本地化的博弈,数据主权和长臂管辖的博弈也呈加剧的趋势。数据主权是国家主权原则在数据领域延伸的体现,同时,数据主权是各国在大数据时代需要占领的关键领域。当前,各国在经济发展、维护社会公共利益等方面对数据的依赖越来越大,对数据的占有和利用成为各国积极抢占的领域,随着互联网技术和数字经济的进一步发展,数据如同石油,对一国的经济发展起着至关重要的作用。个人数据层面的数据主权,首先是指个人拥有自身隐私、敏感信息不受侵犯的权利,其次是数据公司或互联网公司等服务提供企业在遵守相关法律的前提下,利用个人数据而获取相应的经济效益的权利。

四、我国个人数据跨境流动的法律规制实践及发展趋势

(一)我国个人数据跨境流动的规制实践

我国对个人数据跨境流动的法律规则(见表2)包括:2011年的《关于银行业金融机构做好个人金融信息保护工作的通知》,2013年的《征信业管理

条例》,2014年的《人口健康信息管理办法(试行)》,2016年的《网络出版服务管理规定》《网络预约出租汽车经营服务管理暂行办法》《网络安全法》,2017年的《个人信息和重要数据出境安全评估办法(征求意见稿)》《信息安全技术数据出境安全评估指南》征求意见稿,2018年的《网络安全等级保护条例(征求意见稿)》,2019年的《数据安全管理办法(征求意见稿)》《个人信息出境安全评估办法(征求意见稿)》,2021年的《中华人民共和国数据安全法》(以下简称《数据安全法》)、《中华人民共和国个人信息保护法》(以下简称《个人信息保护法》)。

表2 我国个人数据跨境流动的主要规则

颁布年份	规范名称	颁布机构	主要内容
2011	《关于银行业金融机构做好个人金融信息保护工作的通知》	中国人民银行	境内收集的个人金融信息境内存储、处理和分析,不得向境外提供
2013	《征信业管理条例》	国务院	征信机构在境内采集的信息,境内整理、保存、加工
2014	《人口健康信息管理办法(试行)》	原国家卫生和计划生育委员会	禁止境外存储人口健康信息
2016	《网络出版服务管理规定》	原国家新闻出版广电总局、工业和信息化部	网站服务器存放境内
2016	《网络预约出租汽车经营服务管理暂行办法》(2019年进行了修改)	交通运输部等7部委	网约车平台采集的个人信息在中国境内保存期不少于2年
2016	《网络安全法》	全国人大常委会	要求关键信息基础设施运营者进行数据本地化对数据出境进行安全评估

续表

颁布年份	规范名称	颁布机构	主要内容
2017	《个人信息和重要数据出境安全评估办法(征求意见稿)》	国家互联网信息办公室	从个人数据和重要数据安全角度,规定数据出境原则
2017	《信息安全技术数据出境安全评估指南》征求意见稿	全国信息安全标准化技术委员会	规定数据出境安全评估的流程、方法、要求
2018	《网络安全等级保护条例(征求意见稿)》	公安部	确保云服务客户数据、用户个人信息等存储于中国境内
2019	《数据安全管理办法(征求意见稿)》	国家互联网信息办公室	境内用户访问境内互联网的,其流量不得被路由到境外
2019	《个人信息出境安全评估办法(征求意见稿)》	国家互联网信息办公室	规定网络运营者的安全评估义务,首次提出数据出境者和接受者须签订协议,并进行申报
2021	《数据安全法》	全国人大常委会	保障数据安全,促进数据开发利用,保护公民、组织的合法权益,维护国家主权
2021	《个人信息保护法》	全国人大常委会	第三章规定了个人信息跨境提供的规则

由此可见,我国个人数据跨境流动的规则主要由三部分构成:一是《网络安全法》及其配套措施;二是特定部门对数据出境的限制性规定;三是《数据安全法》和《个人信息保护法》。因此,我国不是没有个人数据跨境流动的规则体系,只是我国的规则需要进一步完善。

(二)我国个人数据跨境流动规则的发展趋势

1. 规则从零散化到体系化

观察我国个人数据跨境流动规则体系的发展历程,其规则主要散见于各行业法律法规中,如个人健康数据、个人金融数据、出版数据等,规制的主体也比较混乱,大多是各职能部门在其职权范围内对个人数据的跨境流动进行限制性规定。但是在《网络安全法》以及《个人信息和重要数据出境安全评估办法(征求意见稿)》等配套措施颁布后,相应的规则日渐体系化。2021年《数据安全法》和《个人信息保护法》实施,《个人信息保护法》第3章更是直接对数据跨境流动机制做出了安排。由此可见,我国的个人数据跨境流动规则已经逐渐形成不同法律效力层级的规则体系。

2. 规则内容从单一化到复杂化

观察我国个人数据跨境流动规则内容的发展历程,早期的规则内容主要是各行业部门的规则零散地对个人数据的跨境流动做出限制性规定。在《网络安全法》颁布后,其第37条确立了关键信息基础运营商处理个人数据的数据本地化规则和数据转移的安全审查制度。此种规制路径较为单一且严格,一定程度上不利于我国在全球的数据经济环境中实现自己的经济利益,同时也不利于双边和多边个人数据跨境转移规则的谈判。随后,《个人信息和重要数据出境安全评估办法(征求意见稿)》将数据分类为个人数据和重要数据,从而对其进行不同的规制。《个人信息出境安全评估办法(征求意见稿)》将安全审查的义务扩大到网络运营商,并首次规定了向境外输出数据者和数据接收者需要签订合同。

《个人信息保护法》不再要求所有个人数据跨境流动均以通过安全评估为前提,而是以分级分类管理思想设计了四种个人数据跨境流动路径:(1)安全评估;(2)经专业机构进行个人信息保护认证;(3)与境外接收方订立合同,约定双方的权利和义务,并规定个人信息保护的标准;(4)法律、行政法规或者国家网信部门规定的其他条件。《数据安全法》则兼顾了数据安全与数据跨境流动的需要,明确规定将数据自由流动作为中国支持的一项原则,但是其前提是能够保障数据跨境安全。同时,从相继出台的规则中可以看出,我国希望将重要数据与个人信息分类监管。由此看来,我国的个人数据跨境流动规制路径逐渐从单一化向复杂化发展。

五、我国个人数据跨境流动规则的完善路径

(一)国内规则的完善

1. 现有规则体系的完善

首先,从我国现有的个人数据跨境流动的规则来看,虽然其已经在一定程度上呈现体系化的特征,但是相关规则还是较为粗略且在许多内容上存在缺位。例如,《个人信息保护法》与《数据安全法》将作为数据领域的基本法律,构建起我国数据保护与利用的基本制度框架。《个人信息保护法》第38条规定了个人信息处理者跨境转移数据的条件,该条第4项规定的"法律、行政法规或者国家网信部门规定的其他条件"为后续立法完善相应制度提供了空间。

其次,我国的个人数据跨境流动的规制路径还是相对单一,虽然几年来一些规则有从单一化向复杂化发展的趋势,但是以数据本地化和安全审查为核心的数据跨境流动制度仍然没有改变,这也与我国将国家安全作为数字战略的重心相符合。但是随着数字经济的发展,中国的互联网企业正在走向世界,根据中国信息通信研究院发布的《全球数字经济新图景(2020年)》报告,2019年全球数字经济规模达到31.8万亿美元,占世界国内生产总值的41.5%,并且数字经济在国民经济中的地位持续提升,同时产业数字化占全球数字经济的比重达到84.3%,成为数字经济发展的主战场。[16] 因此,中国个人数据跨境流动的规则应该积极适应中国数字经济发展的速度,应该积极探索将个人数据和重要数据进一步细分归类,例如,将个人数据划分为重要行业的个人数据(如医疗卫生个人数据)、一般的个人数据(如跨境交往中的个人数据)、网络运营商的个人商业数据(如跨境电商的个人数据),从而对不

---

⑯ 参见中国信息通信研究院:《全球数字经济新图景(2020年)》,载中国信通院网2020年10月,http://www.caict.ac.cn/kxyj/qwfb/bps/202009/t20200928_347546.htm。

同数据的跨境流动进行不同程度的规制。在这一点上,可以积极参照欧盟的多路径规制方案,适当放松数据本地化加安全审查的严格规制模式。《个人信息保护法》与之前的《个人信息出境安全评估办法(征求意见稿)》不同,其并不要求所有个人数据的跨境流动都以安全审查为前提,这也为对数据进行类型化和多元化的管理提供了制度基础。未来,国家网信部门应该在《数据安全法》和《个人信息保护法》的框架之下,完善、细化、修改我国现有的个人数据跨境流动规则,以适应我国数字经济的发展、人权保护,以及国家数据主权战略。

最后,中国应该逐步探索个人数据跨境流动的国内法的域外适用效力。《数据安全法》提出,中国境外的组织、个人开展数据活动,损害中国国家安全、公共利益或者公民、组织合法权益的,依法追究法律责任。《个人信息保护法》第3条指出,该法适用于组织、个人在中国境内处理自然人个人信息的活动。同时本条也明确了该法的域外适用效力,中国境外的个人信息处理者处理中国境内自然人个人信息的活动,具备下列情形之一时,亦适用该法:(1)以向境内自然人提供产品或者服务为目的;(2)为分析、评估境内自然人的行为;(3)法律、行政法规规定的其他情形。由此可以看出,随着《数据安全法》和《个人信息保护法》的实施,中国已经初步构建起具有域外适用效力的个人数据跨境流动规则。

2. 新规则的探索与建立

如今,在国际上美欧形成了两套截然不同的个人数据跨境流动的规制模式,并且两套规则还在不断产生冲突。同时,不同国家采取的数据自由流动政策与数据本地化政策之间,国家数字主权与长臂管辖之间也在全球范围内进行着规则的博弈。中国应该建立什么样的个人数据跨境流动制度,取决中国自身的国情。

中国可以积极在自由贸易试验区探索新的数据跨境流动规则。目前我国在上海、北京、浙江自由贸易试验区和海南自由贸易港制定了数据跨境流动规则(见表3)。这些规则大多是面向全部类型数据的跨境流动机制,而并未单独对个人数据进行分类规制。这种情形是与各自贸试验区的发展目标息息相关的,就现有的四个自贸试验区的规则的发展目标而言,基本上只是强调数字经济的发展和数据安全有序的流动,安全是流动的前置条件。从内容上看,现有的四个自贸试验区的跨境数据流动规则主要是扩大数字经济的开放、加强信息基础设施建设等发展规划型的规则,而缺少具有实操性的强制性规定。同时,这些规则对数据跨境流动的规制路径过于单一、粗略,基本上是在强调在保证数据安全的基础上对数据进行有序的转移。

表3 我国自由贸易试验区数据跨境流动规则

试验区	相关文件	发展目标	主要措施
海南自贸港	《海南自由贸易港建设总体方案》	实现数据安全有序流动。创新数据出境安全的制度设计,探索更加便利的个人信息安全出境评估办法。开展个人信息入境制度性对接,探索加入区域性国际数据跨境流动制度安排,提升数据传输便利性	1. 有序扩大通信资源和业务开放。 2. 开放增值电信业务,逐步取消外资股比等限制。 3. 允许实体注册、服务设施在海南自由贸易港内的企业,面向自由贸易港全域及国际开展在线数据处理与交易处理等业务,并在安全可控的前提下逐步面向全国开展业务。 4. 建立健全数据出境安全管理制度体系。健全数据流动风险管控措施。 5. 在国家数据跨境传输安全管理制度框架下,开展数据跨境传输安全管理试点,探索形成既能便利数据流动又能保障安全的机制
上海自贸区	《中国(上海)自由贸易试验区临港新片区总体方案》和"信息飞鱼"方案	实施国际互联网数据跨境安全有序流动。"信息飞鱼"全球数字经济创新岛最终设想建成支撑和服务全球理念最超前的数字经济市场主体	1. 加快5G、IPV6(互联网协议第6版)、云计算、物联网、车联网等新一代信息基础设施建设,建立安全高效的跨境数据流动体系。 2. 聚焦集成电路、人工智能、生物医药、总部经济等关键领域,试点开展数据跨境流动的安全评估,建立数据保护能力认证、数据流通备份审查、跨境数据流通和交易风险评估等数据安全管理机制

续表

试验区	相关文件	发展目标	主要措施
北京自贸区	《中国(北京)自由贸易试验区总体方案》	创新数字经济的发展环境,增强数字贸易的国际竞争力	1. 加强跨境数据保护规制合作,促进数字证书和电子签名的国际互认。 2. 探索制定信息技术安全、数据隐私保护、跨境数据流动等重点领域规则。 3. 加快新一代信息基础设施建设,探索构建安全便利的国际互联网数据专用通道
浙江自贸区	《中国(浙江)自由贸易试验区扩展区域方案》	打造新型国际贸易中心;打造数字经济发展示范区;打造数字一体化监管服务平台	1. 支持以市场化方式推进世界电子贸易平台全球布局,探索在数据交互服务共享等方面的国际合作及数字确权等数字贸易基础设施建设。 2. 在国家数据跨境传输安全管理制度框架下,试点开展数据跨境流动安全评估,探索建立数据保护能力认证、数据流动备份审查、跨境数据流动和交易风险评估等数据安全管理机制

由此可见,我国现有的自由贸易试验区规则没有达到"新"的要求,部分规则还滞后于《个人信息保护法》。但是就数据跨境流动制度建立的初期而言,数字主权和国家安全的具体标准不易确定,安全审查制度是一种确保数据安全有序流动的较好措施。但长期来看,跨境数据流动制度的建立应该是一个随着社会发展而动态调整的过程,数据的跨境流动安全审查不应该被视为唯一的规制路径。中国是数字经济领域关键国家之一,要平衡个人利益保护与数字产业发展,平衡数据主权与全球数字治理,特别是要在发展和安全中找到平衡点,在国家主权和经济发展中找到平衡点,这就决定了中国可以走一个不同于欧盟和美国的第三条道路。因此,我国未来可以积极依托自由贸易试验区这一平台,探索符合中国国情的个人数据跨境流动规则体系。

(二)国际规则的构建

美国和欧盟都在双边、区域以及多边层面基于自身的立场积极推广其个人数据跨境流动机制。中国也应该明确自身的数字战略,并在双边、区域以及多边的规则建构中提出中国方案。

首先,在双边自由贸易协定方面,美国率先在2012年《美—韩自由贸易协定》中对个人数据的跨境转移规定了一些"软条款"。美国在双边自由贸易协定中加入个人数据跨境流动的条款,一方面是由于双边自由贸易协定的缔约方较少,易于达成协定;另一方面是由于自由贸易协定的一些条款对缔约方有强制约束力,从而可以促使相关规则实现。

其次,在区域自由贸易协定中,美国有CBPR和USMCA两种实践,强调数据的自由流动,并要求缔约方不得对数据的流动进行不当的限制。从美国的实践来看,其一直在区域层面推动有利于保持其数字经济优势的个人数据跨境流动规则,同时提高其制定相关规则的话语权。欧盟也是如此,其以GDPR为谈判的基础,力图与价值观一致的国家构建个人数据跨境流动的"朋友圈"。中国与美欧相比,相应的个人数据跨境转移规则建立较晚,目前主要聚焦在国内规则的构建和完善上。从RCEP的签订可以看出,中国已经开始构建自己的数字战略,并迈出了坚实的一步。除此之外,中国可以依托"一带一路"倡议中的合作框架,首先在跨境电商、旅游业等"一带一路"沿线国家关心的行业领域推进相关规则的达成,然后再扩展到其他或者全部行业。同时,中国还可以基于"一带一路"倡议,在尊重各国主权的前提下,探索构建属于中国的数据安全规则体系。

最后,在多边规则层面,由于各国家和地区的相关利益和价值差别较大,难以构建全球性的个人数据跨境流动规则。中国可以在WTO等国际组织的相关规则的谈判中提出中国方案。

(三)行业自律规则的构建

除了构建"自上而下"的国内和国际个人数据跨境流动法律规则,还要尝试构建以"行业自律"为基础的"自下而上"的规则,这也是对个人数据跨境流动的有效且重要的规制模式。因为企业是个人数据跨境流动的主要参与者,同时也是个人数据保护的主要实施者,单纯依靠立法和监管等强制手段的效果有限且不全面。要最大限度地实现合规的数据自由流动带来的商业利益,以及在最大范围内实现对个人数据的有效保护,还需要依靠行业自律制度。

在构建行业自律的规则方面,首先,可以加强企业的合规意识,通过企业自身或者第三方机构对企业相关个人数据的跨境流动进行法律和价值层面的评估。其次,可以由行业协会制定行业规范、标准合同文本对企业进行引导和监督。最后,鼓励企业积极与外国的监管机构合作,如与欧盟的数据保护官合作。总之,要实现个人数据保护和经济利益的平衡,企业的自我约束是关键一步。

六、结语

在对个人数据的跨境转移进行规制这一领域上,我国在完善国内规则和构建国际规则的过程中,应立足我国国情,分析我国数字经济、跨境电商的发展水平和未来的发展趋势,研判个人数据的跨境流动带来的机会和影响。可以观察美国和欧盟相关制度的发展历程以及法律的实践,分析其背后的价值、利益。同时,个人数据跨境流动的法律制度不仅涉及个人的权利保护,涉及对经济发展的促进,其在很大程度上还涉及国家的数据主权。如今,大数据技术已经让我们看到了数据所能给社会、经济带来的巨大影响。因此,中国应放眼未来,构建起自己的数字战略,共同促进世界数据治理规则的完善。

《上外贸涉外法治论丛》(第1卷)
第91～109页

国际投资仲裁中适格法人投资者的认定
——基于ICSID仲裁制度与实践

蔺　捷[*]　李欣惠[**]

一、引言

国际投资是经济活动的重要组成部分,也是世界各国经济发展的重要动力之一。[①] 为了鼓励跨国私人投资,《关于解决国家与他国国民之间投资争端公约》(以下简称《ICSID公约》)及其成立的专门机构解决投资争端国际中心(International Centre for Settlement of Disputes, ICSID)应运而生,为私人投资者与国家之间的投资争端提供国际调解或仲裁上的便利。目前,提交ICSID仲裁已经成为解决国际投资争端的通行做法。截至2019年年底,已知的投资者与国家间争端解决(Investor-State

* 上海对外经贸大学法学院教授,上外贸—海华涉外法治研究院研究员。

** 上海对外经贸大学法学院国际法学硕士研究生。

① 参见史晓丽、崔宇航:《东道国受外国控制公司在国际投资争端解决中的法律地位》,载《天津法学》2018年第1期。

Dispute Settlement, ISDS)案件共有1023宗,其中选择ICSID仲裁的共有768宗。[②]《ICSID公约》第二章对ICSID的管辖范围作出了详细规定,其中第25条第1款概括规定了ICSID的一般管辖范围,即"ICSID的管辖适用于缔约国(或缔约国向ICSID指定的该国的任何组成部分或机构)和另一缔约国国民之间直接因投资而产生并经双方书面同意提交给ICSID的任何法律争端。当双方表示同意后,任何一方不得单方面撤销其同意"。

目前,学界多数观点认为,欲使ICSID获得属人管辖权,投资者(包括国企投资者)既需要符合有关国际投资条约对于投资者的定义,也需要满足《ICSID公约》对投资者的要求。其中,满足有关国际投资条约规定的适格投资者具有初诉权,投资者认为东道国的有关法律法规、政策或措施等违反了国际投资条约项下的义务时,有权提起争端解决程序。而《ICSID公约》对投资者既有实质性要求,也有一定的程序性要求。实质性要求是对于投资者的国籍要求,即投资者具有非东道国的缔约国国籍。程序性要求是时间要求,即在双方同意将争端交付调解或仲裁之日以及《ICSID公约》第28条第3款或第36条第3款规定的登记请求之日,投资者都满足上述国籍要求。另外,在仲裁实践中,仲裁庭认为,即使有关国际投资条约对投资者及其投资的特征没有作出强制规定,《ICSID公约》本身对于投资者及其投资的本质属性也提出了隐形要求,即投资者必须以营利为目的,对其投资具有真实投入,并且承担相应的投资风险。

由于个案中有关国际投资条约对适格投资者的定义纷繁复杂、不尽相同,而且法人投资者又是国际投资实践中的主要主体,因此本文将基于《ICSID公约》与仲裁实践,重点研究国际投资仲裁中适格法人投资者的认定。《ICSID公约》第25条第2款b项对另一缔约国法人投资者的定义进行了阐述,即"在争端双方同意将争端交付调解或仲裁之日,具有作为争端一方的国家以外的某一缔约国国籍的任何法人,以及在上述日期具有作为争端一

---

② See UNCTAD, *World Investment Report* 2020: *International Production Beyond the Pandemic*, United Nations Publication, 2020, p. 110 – 111.

方缔约国国籍的任何法人,而该法人因受外国控制,为了本公约的目的,双方同意将它看作另一缔约国国民"。因此,概括说来,《ICSID 公约》所称的适格法人投资者包括两类,一类是母国法人,另一类是受到外国控制的东道国法人。主体适格性主要体现为法人的国籍界定和外国控制的认定,此种规定是较为清晰且概括的。

但是从仲裁实践来看,在认定适格法人投资者时存在大量争议以及仲裁裁决中也存在不一致的现象,严重影响了仲裁裁决的可预见性和权威性,并且在相当程度上损害了当事方的利益。例如,在实践中,法人投资者往往基于各种原因进行投资重组或国籍规划,作为回应,东道国采取的措施通常是提出属人管辖权异议,导致在法人投资者的国籍认定上出现争议。基于此,本文通过法理分析和案例研讨,系统研究适格法人投资者的认定,具体内容包括一般法人投资者的适格性认定和特殊法人投资者——国企投资者的身份认定,试图解读 ICSID 的属人管辖权规则及其适用规律,为完善国际投资争端解决中的法人投资者适格性认定规则提供参考和借鉴。

二、国际投资仲裁中一般法人投资者的适格性认定

现有的研究成果认为适格法人投资者的认定标准不明确,仲裁庭对法人国籍的认定采取灵活的态度,为了扩大管辖权可能偏离投资者的定义。[③] 本文认为这种观点非常模糊,无益于当事方明确涉案法人投资者是否属于《ICSID 公约》项下的适格法人投资者,因此,亟须厘清认定适格法人投资者的一般规则和路径。

相关国际投资条约和有关国家国内法是确定法人投资者国籍的一般依据,其中国际投资条约优先于国内法。即首先根据相关国际投资条约或有关

③ 参见朱炎生:《ICSID 仲裁机制中法人国籍认定的理论与实践》,载《国际经济法学刊》2006 年第 1 期。

国家的国内法确定法人投资者的传统国籍,如果据此得出该法人投资者不具有东道国国籍,而具有另一缔约国国籍,则该法律实体属于《ICSID公约》所称的适格法人投资者;如果据此得出法人投资者具有东道国国籍,则仲裁庭根据个案情况裁量,确定该法律实体是否存在《ICSID公约》第25条第2款b项所称的受到外国控制的情形。这既是认定适格法人投资者的一般思路,也是国际投资条约、国内法与《ICSID公约》在法人投资者主体适格性认定问题中的适用关系和位阶。

(一)一般法人投资者的国籍界定——传统国籍

根据国际投资条约和大多数国家国内法的一般规定,法人国籍的界定标准主要有下列四种。

1.法人成立地标准,即以法人成立地或准据法为依据确定其国籍。大多数国际投资条约和国内法采用此种标准。例如,中国—新加坡双边投资协定(Bilateral Investment Treaty,BIT)规定,"公司"一词:在中华人民共和国方面,系指根据其法律在其领土内组成或设立的公司或其他法人;在新加坡方面,系指通过有效法律在新加坡共和国组成、设立或登记的公司、企业、社团或组织,而不论是否为法人。在实践中,如果注册成立地是国际投资条约中规定的确定"投资者"的唯一因素,仲裁庭通常会忽略其他任何因素,而赞成对条约条款进行严格的文本解释。

2.法人所在地标准,即以法人主要管理中心或主营业地为依据确定其国籍。例如,中国—孟加拉国BIT规定,"投资者"一词在我国系指:根据中华人民共和国法律,具有中华人民共和国国籍的自然人;依照中华人民共和国的法律设立,其住所在中华人民共和国领土内的经济组织。在孟加拉人民共和国方面,系指:依据孟加拉人民共和国法律,具有孟加拉人民共和国国籍的自然人;依照孟加拉人民共和国法律设立,其住所在孟加拉人民共和国领土内的经济组织。

3.实际控制标准,即以法人资本实际控制国为依据确定其国籍,也就是法人为哪国利益服务。《ICSID公约》在一定条件下承认了该标准。目前,在各国实践中，是否持有多数股权通常被看作取得实际控制的主要考虑因素，然而采用该标准的国家未对多数股权的比例作出明确或统一的规定。

4. 复合标准，即确定法人的国籍，必须同时考虑 2 个或 2 个以上因素。[④] 1970 年 Barcelona Traction 公司诉西班牙案中就体现了这个标准，国际法院指出对于公司的外交保护权，只能赋予根据其法律注册并在其境内设有办事处的国家。

需要明确的是，法人的国籍认定是法定事项。第一，虽然《ICSID 公约》第 41 条规定，仲裁庭应是其本身权限的决定人，仲裁庭有权将争端方对于 ICSID 管辖权提出的异议作为先决问题或实质事项加以考虑，但是仲裁庭不能通过行使自由裁量权任意界定法人投资者的国籍。第二，法人的国籍认定不是约定事项，无论争端发生前后，当事方都不能通过同意由 ICSID 仲裁的协议或其他任何协议确定法人投资者的国籍。

（二）东道国法律实体受到“外国控制”的界定——功能性国籍

在国际投资实践中，一方面，投资者出于风险、税收、条约挑选等因素的考虑，往往通过转移股权或者其他形式进行投资重组或国籍规划；另一方面，东道国政府为了实现对外国投资者及其投资的有效管控，也可能要求他们依据东道国法律在境内成立经营机构。这些商业实践是国际经济领域的惯常做法，但是在当事方产生国际投资争端提交 ICSID 仲裁时，必然会引发“是否存在外国控制情形”“涉案法人投资者是否属于另一缔约国国民”“ICSID 对案件是否具有管辖权”等一系列争议。

1. 是否受到“外国控制”的界定

如果设立在东道国境内的公司或其他法律实体存在受到外国控制的情形，那么该法律实体就可以突破成立地等传统国籍认定标准的限制，适用国际投资仲裁语境下的揭开公司面纱原则，从而获得法人的功能性国籍，被看作另一缔约国国民，成为 ICSID 能够管辖的适格法人投资者。但是应当注意

④ 参见史晓丽、祁欢：《国际投资法》，中国政法大学出版社 2009 年版，第 26 页。

的是,无论是内涵还是外延,国际投资仲裁语境下的揭开公司面纱原则都完全不同于各国公司法中的类似表述。⑤ 后者强调的是由于股东滥用公司法人独立地位和股东有限责任,从而否定公司的法人人格。而前者则是考虑到公司受到外国控制这一法律事实的特点,为了国际投资争端的去政治化,保护私人投资者的利益而作出的例外规定。

但是,《ICSID公约》没有具体说明或列举哪些情形构成“外国控制”以及外国控制的程度,也没有规定仲裁庭是否有义务或职权对于是否存在外国控制的情形进行主动调查以及调查到何种程度。

根据《维也纳条约法公约》第31条第1款与第4款关于条约的解释的规定,在文义上,“控制”可以被解释为实际实施控制行为、享有控制权或产生了实际控制效果等多重含义。结合《ICSID公约》第25条和仲裁实践,“外国控制”应当被解释为享有控制权,即有能力对于公司的经营、管理、决策施加或产生一定程度的影响,在实践中这种控制权多表现为外国投资者持有东道国法律实体的股权。

在Liberian Eastern Timber公司(以下简称LET公司)诉利比里亚案中,虽然LET公司根据利比里亚法律在其境内成立,但是由于该公司被法国国民全资控股,并且由法国国民主导公司治理。仲裁庭因此得出结论,LET公司可以被认定为是具有东道国国籍的法人,但是由于受到外国控制,从而属于ICSID的适格法人投资者。⑥

上述全资控股并且主导公司治理的情况是比较容易认定存在外国控制的,更可能产生争议的是持有部分股份的情形。在Vacuum Salt Products公司诉加纳案中,Vacuum Salt Products公司的成立地是加纳,希腊国民持有其20%的股份,加纳政府、公司和加纳公民持有其余股份。由于希腊国民只持有少数股份,仅具有股东身份,并非公司的经营管理人员,无权对公司的运营

⑤ 参见王鹏:《ICSID仲裁中的揭开公司面纱问题研究:路径与协调》,载《武大国际法评论》2014年第1期。

⑥ Liberian Eastern Timber Corporation v. Republic of Liberia, ICSID Case No. ARB/83/2.

和决策产生实质性影响，因此该希腊国民无法实际控制 Vacuum Salt Products 公司，争端属于东道国政府与本国投资者的争端，ICSID 不享有管辖权。⑦

有学者认为，无论采取何种标准，对于全资控股的外国投资者可以肯定地认定存在外国控制的因素；而对于完全不持有股权的外国投资者，则可以当然地排除存在外国控制的因素。⑧ 但是以上两个案例和 ICSID 的其他实践表明，认定外国控制所考虑的因素是综合性的、多方面的，拥有多数股权或投票权只是其中的一个重要考虑因素，在不具有股权优势的情况下，其他因素诸如决策、命令、监管、财务等控制权的作用就得到凸显。总之，控制的程度应当是绝对的、明显的或合理程度的，而不能是潜在的或微小的，外国控制的实质是另一缔约国国民对东道国公司的经营、管理、决策形成有效控制或者居于主导地位，ICSID 据此获得管辖权。

另外，实现外国控制的方式是多样的，包括直接控制和间接控制。在国际投资实践中，基于各种原因，投资者往往倾向于构建纷繁复杂的多层控股结构，从而形成对于东道国法律实体的间接控制。由此产生的争议是《ICSID 公约》所称的外国控制是否包括间接控制？如果外国控制包括间接控制，那么仲裁庭是否有义务对于间接控制的情形进行主动调查以及调查到何种程度，即是否应当追查到公司的最终实际控制者？

从文本解释的角度来看，《ICSID 公约》条文本身未明确规定“该东道国法人受到的外国控制”包括间接控制，一些仲裁庭认为，公约认定法人投资者国籍时一般采用传统标准，功能性国籍是例外规定；但是对于外国控制者的国籍的认定则没有规定这种例外规则，因此应当将间接控制排除在外国控制的范围之外。但是从目的解释的角度来看，考虑到公约的宗旨是为各缔约国和其他缔约国的国民之间的投资争端提供调解和仲裁的便利，因此外国控制不仅限于直接控制，也应当包括合理的间接控制。

---

⑦ Vacuum Salt Products Ltd. v. Republic of Ghana, ICSID Case No. ARB/92/1.

⑧ 参见杨卫东、郭堃：《法人投资者功能性国籍的确定——以 ICSID 仲裁制度及实践为中心》，载《武汉大学学报(哲学社会科学版)》2011 年第 6 期。

从ICSID的仲裁实践来看,仲裁庭对于是否承认间接控制观点不一。拒绝承认间接控制或拒绝进行间接控制分析的案例包括Autopista公司诉委内瑞拉案⑨、Amco Asia等公司诉印度尼西亚案⑩等;而支持间接控制的案例也不鲜见,诸如SOABI公司诉塞内加尔案⑪、TSA公司诉阿根廷案⑫等。并且,即使在承认间接控制的案例中,仲裁庭对间接控制进行分析的程度和层次也存在分歧。在SOABI公司诉塞内加尔案中公司股权结构较为简单,只进行了两层间接控制分析即找到了公司的最终控制人,仲裁庭未明确提及进行间接控制分析应当达到的调查程度;但是在TSA公司诉阿根廷案中,仲裁庭明确表示无论公司的控股结构多么复杂,都应当采取相同的标准直至查清公司的实际控制者。

ICSID仲裁机制作出功能性国籍这一例外规定,其目的在于实现他国私人投资者与东道国之间的利益平衡,为国际投资争端解决提供渠道和便利,防止在东道国境内成立实体的海外投资者投诉无门。因此,在进行外国控制分析的过程中,只要东道国法人存在受到外国控制的情形,并且该外国控制属于善意投资,那么无论在对外国控制进行分析的哪个层次,控制者就拥有了非东道国的缔约国国籍,ICSID都应当因此获得案件的管辖权。在这个意义上,区分直接控制与间接控制就显得不那么必要了。

2.是否构成"善意投资"的界定

国籍规划引发ICSID管辖权争议是ICSID仲裁中的常见情形,一些学者的观点是"仲裁庭和仲裁员基于不同的裁决方法、导向、个人偏好和环境影响等因素,对于相似问题的属人管辖权作出了不一致的裁决结果和解释理

---

⑨ Autopista Concesionada de Venezuela, C. A. v. Bolivarian Republic of Venezuela, ICSID Case No. ARB/00/5.

⑩ Amco Asia Corp. and others v. Indonesia, ICSID Case No. ARB/81/1.

⑪ Société Ouest Africaine des Bétons Industriels v. Republic of Senegal, ICSID Case No. ARB/82/1.

⑫ TSA Spectrum de Argentina S. A. v. Argentine Republic, ICSID Case No. ARB/05/5.

由”[13]。但是通过对比众多案例的背景信息(包括相关 BIT 的规定、争端发生时间和进行国籍规划的时间等)和裁决理由可知,仲裁庭对于国籍规划情形下的适格法人投资者的认定有其一般的规律和准则。

在 Tokios Tokeles 公司诉乌克兰案[14]中,Tokios Tokeles 公司根据立陶宛法律在其境内成立,但是由乌克兰国民控制,因此该公司事实上构成返程投资,但是仲裁庭认为根据乌克兰—立陶宛 BIT,该公司符合“任何根据立陶宛法律和规则在其境内成立的实体”这一对投资者的定义。本文同意仲裁庭的观点,因为认定法人投资者国籍的一般根据就是相关的国际投资条约,既然 Tokios Tokeles 公司构成相关 BIT 所称的立陶宛法人,而非东道国法人,仲裁庭因此可以取得该案的属人管辖权。并且,由于该公司的成立时间(争端产生 8 年前)远远早于其与乌克兰政府之间的投资争端的产生时间,因此该乌克兰国民进行返程投资、成立该公司的行为不可能是有意针对乌克兰政府的滥诉,因此该项投资构成善意投资,有权向 ICSID 提出仲裁请求。

与上述案件形成鲜明对比的是 Phoenix Action 公司诉捷克案。[15] 在该案中,Phoenix 公司不过是一个在争端发生后创建的以色列实体,是捷克投资者 Benet 公司转移投资的产物。由于从 Phoenix 公司成立至其向捷克政府提起索赔请求之间只经历了数月的时间,因此仲裁庭有理由认为,Benet 公司调整股权架构的目的只是在于将东道国与本国投资者之间的既存的国内争端转化为国际投资争端,以获得 ICSID 的管辖权,该壳公司并非真实诚信的投资者。这种国籍规划和条约挑选的滥用行为与《ICSID 公约》的根本目标和宗旨相抵触,与以色列—捷克 BIT 为了鼓励国际投资的目的相违背,更重要的是,它与所有双边投资条约及其派生权利所适用的诚信和善意原则相悖,因此无法构成善意投资,从而失去了相关 BIT 的保护,ICSID 对其没有管辖权。

---

⑬ Stavros B. ,*Systemic Bias and the Institution of International Arbitration*: *A New Approach to Arbitral Decision-Making*,Journal of International Dispute Settlement,Vol. 3,p. 553 – 585(2013).

⑭ Tokios Tokeles v. Ukraine, ICSID Case No. ARB/02/18.

⑮ Phoenix Action, Ltd. v. Czech Republic, ICSID Case No. ARB/06/5.

仲裁庭据此得出的结论是,不能将滥用公司的形式置于投资的实质之上,简单地接受Phoenix公司作为书面原告的做法是轻率且不合理的。

梳理归纳此类案件的裁决可以发现,在Tokios Tokeles公司诉乌克兰案、Aguas del Tunari公司诉玻利维亚案⑯和Pac Rim Cayman公司诉萨尔瓦多案⑰中,投资者的投资重组行为得到了仲裁庭的支持。但是在Phoenix Action公司诉捷克案、Banro公司诉刚果案⑱以及Cementownia公司诉土耳其案⑲中,仲裁庭对属人管辖权的裁决结果则完全相反,其中的原因为何?

正如一些学者所提出的那样,"通常说来,为了获取国际投资条约的保护而进行的公司重组是可以被接受的,除非争端已经发生或者争端能够被投资者合理预见,此时将构成权利滥用"⑳。在投资争端未发生并且该争端无法被投资者合理预见时,投资转移或条约挑选行为的性质是正常的商业经营行为,构成善意投资,因此取得适格法人投资者的身份并获得ICSID的管辖权的观点通常会得到仲裁庭的认可。反之,当争端已经出现或者显而易见时,在此时进行的国籍规划则构成对基本管辖权的恶意规避,是将东道国国内争端人为地转化为国际投资争端的滥诉行为,仲裁庭因此拒绝承认相关当事人为适格法人投资者。

三、国际投资仲裁中特殊法人投资者——国企投资者的身份认定

近年来,新兴经济体的国有企业迅速发展壮大。由于其雄厚的资产规

---

⑯ Aguas del Tunari S. A. v. Republic of Bolivia, ICSID Case No. ARB/02/3.

⑰ Pac Rim Cayman LLC v. Republic of El Salvador, ICSID Case No. ARB/09/12.

⑱ Banro American Resources, Inc. and Société Aurifère du Kivu et du Maniema S. A. R. L. v. Democratic Republic of the Congo, ICSID Case No. ARB/98/7.

⑲ Cementownia "Nowa Huta" S. A. v. Republic of Turkey, ICSID Case No. ARB(AF)/06/2.

⑳ Goergen M. Martynova & L. Rennboog, *Corporate Governance Convergence: Evidence from Takeover Regulation Reformsin Europe*, Oxford Review of Economic Policy, Vol. 21:2, p. 243 – 268 (2005).

模、特殊的公司治理结构以及较高的风险承担能力，国有企业在国际投资领域的发展势头越发强劲，国企投资者和东道国政府之间的投资争端也逐渐增多。在“一带一路”倡议的背景下，中国有大量国有企业走出国门进行投资。2019年年末，在我国对外非金融类直接投资的19443.5亿美元存量中，国有企业占50.1%，较上年增加2.1个百分点。[21] 截至2020年，我国国有跨国公司的数量几乎占据全球国有跨国公司的一半，主要集中在采掘业、公用事业和金属行业。[22] 但是因为国企投资者与母国之间可能具有密切的政治和战略联系，东道国政府通常担心他国国有企业的投资可能会危及本国的国内竞争与安全。[23] 因此在国际投资实践中，只要投资者具有 SOE(State-Owned Enterprise)背景，那么对于其所提起的任何一起投资仲裁案件，东道国政府都可能主张投资者身份不适格，认为国企投资者履行了母国政府的基本职能或者就是母国政府的代理人，不属于私人投资者，并以此提出管辖权异议或抗辩。在涉及我国国企投资者的仲裁案件中，2014年“北京城建诉也门案”[24]是如此，2010年“黑龙江三公司诉蒙古案”[25]也是如此。

那么在法理和实践中，国企投资者究竟是否属于适格的法人投资者？对于其与东道国政府之间的投资争端，ICSID能否获得属人管辖权？认定国企投资者身份的法律依据是什么，国际投资条约、《ICSID公约》或其他法律文件是否都可以作为认定依据？如果以上多种法律文件都可以作为认定国企投资者身份和判断ICSID管辖权的依据，那么此几者之间的适用关系和位阶

---

[21] 参见中华人民共和国商务部、国家统计局、国家外汇管理局编：《2019年度中国对外直接投资统计公报》，中国商务出版社2020年版，第29页。

[22] UNCTAD, *World Investment report* 2020: *International Production Beyond the Pandemic*, United Nations Publication, 2020, p. 25.

[23] See *G. EU capitals seek stronger right of veto on Chinese takeovers*, Chazan (14 February 2017), https://www.ft.com/content/8c4a2f70 - f2d1 - 11e6 - 95ee - f14e55513608.

[24] Beijing Urban Construction Group Co. Ltd. v. Republic of Yemen, ICSID Case No. ARB/14/30.

[25] China Heilongjiang International Economic & Technical Cooperative Corp., Beijing Shougang Mining Investment Company Ltd. and Qinhuangdaoshi Qinlong International Industrial Co. Ltd. v. Mongolia (PCA Case No. 2010 - 20).

如何,是需要满足全部法律依据的要件还是只需满足其中之一的要件即可?除此之外,仲裁庭是否会采用其他认定标准或考虑其他合理因素?

如同一般法人投资者的认定,如果国企投资者向 ICSID 提起仲裁,则同样需要同时满足国际投资条约下的"法人投资者"的定义以及《ICSID 公约》下的"另一缔约国国民"的定义。《ICSID 公约》第 25 条是 ICSID 裁定涉国企投资者争端的属人管辖权的一般法律依据。此外,国际投资条约对于国企投资者或法人投资者的定义也会在相当程度上影响 ICSID 仲裁庭的属人管辖权,并且也决定了个案中的国企投资者能否获得相关国际投资条约的保护,从而影响仲裁裁决的实体结果。其他法律文件,如《国家对国际不法行为的责任条款草案》(以下简称《国家责任条款》)、《联合国国家及其财产管辖豁免公约》等则是 ICSID 仲裁庭在《ICSID 公约》第 25 条项下采用"Broches(布罗切斯)标准"进行辅助判断时可以参照适用的法律规则。

(一)《ICSID 公约》中的国企投资者

依据《ICSID 公约》第 25 条的相关规定,认定国企投资者主体适格性的关键是判断国企投资者是否属于另一缔约国国民,即是否属于私人投资者,而非具有国家属性。另外,《ICSID 公约》第 27 条也可以佐证此种观点。第 27 条规定母国对于已同意交付或已交付仲裁的争端,不得给予外交保护或提出国际要求,表明《ICSID 公约》对国际投资争端解决的去政治化的宗旨和原则。

(二)国际投资条约中的国企投资者

依据国际投资条约认定国企投资者身份的第一步,通常以投资者的定义或范围条款作为依据。然而,大多数国际投资条约的投资者定义或范围条款对于国有企业是否属于投资者并未作出明确规定。有学者曾经研究了 2008~2010 年占全球外国直接投资流出量 70% 的国家缔结的共 851 项 BIT,该研究分析、总结了国有企业在这些 BIT 中的属性和地位,分析结果发现,仅有 2 项 BIT 明确排除了国有企业的投资者地位,约 10% 的 BIT 明确承认投资者包括国有企业,其余 BIT 均未明确规定国有企业是否具有投资者的地位。[26] 经合组织(Organisation for Economic Co-operation and Development, OECD)调查报告的结论也与此类似。[27] 本文认为,对于明确排除国有企业作为投资者的 BIT 项下的争端,ICSID 对相关国有企业当然不具有属人管辖权,这是毫无疑问的。但是,即使是明确承认投资者包括国有企业的那些国际投资条约,由于"投资者"的概念并不完全等同于"私人投资者"或"另一缔约国国民",因此并不能确定国有企业是否因此具有私人投资者的身份。对此,有学者主张依据《维也纳条约法公约》第 31 条对国际投资条约进行解释,以判断国有企业投资者的地位。[28]

考虑到仅从投资者的定义或范围条款难以认定国企投资者的身份,以及因此在实践中引发的争议,新兴的国际投资条约大多更加关注国有企业的实质,而非形式或名称,并且设置竞争中立条款作为认定国企投资者身份的依据。

2018 年《全面与进步跨太平洋伙伴关系协定》(Comprehensive and Progressive Agreement for Trans-Pacific Partnership, CPTPP)的投资者定义条款未提及国企投资者,但是设置了专章即第 17 章"国有企业和指定垄断",规定国有企业(state-owned enterprise)是指"主要从事商业活动的企业"并规定了其适用范围。并且,第 17.4 条、第 17.6 条对于"主要从事商业活动"的要求作出了具体的限制,即非歧视待遇、商业考虑以及非商业援助的义务,要求政府应当依照商业考虑行事,纯粹因为商业利益考量的因素,对于国有企业与非国有企业给予非歧视待遇;政府不得直接或间接向其任何国有企业提供非商业援助,以至于对另一缔约方的利益造成不利影响。

---

[26] See Low J. E., *State-controlled Entities as "Investors" under International Investment Agreements*, Vale Columbia Center on Sustainable International Investment, 2012.

[27] See Y. Shima, *The Policy Landscape for International Investment by Government-controlled Investors: A Fact Finding Survey*, OECD Working Papers on International Investment, OECD Publishing, Vol. 5, 2015.

[28] 参见陈嘉、杨翠柏:《国际投资仲裁中的国有企业投资者地位认定:构造、趋势与因应》,载《现代经济探讨》2018 年第 6 期。

2021年1月22日欧盟委员会公布的《中国欧盟全面投资协定》(China-EU Comprehensive Agreement on Investment，以下简称中欧CAI)的文本并未使用“国有企业”的表述,而是使用了“涵盖实体”(covered entities)这一术语。中欧CAI第2章“投资自由化”第3条之二规定,“涵盖实体”包括“缔约方任何层级的政府以某种形式拥有或控制的企业以及基于缔约方指定而在市场中具有垄断地位的企业”,此种规定主要针对国有企业。并且第3条之二对涵盖实体的运营施加了义务性规定,这也是我国首次对外承诺严格而具体的国有企业义务,即非歧视待遇、商业考虑和透明度义务。其中非歧视待遇与商业考虑义务与CPTPP类似。透明度义务是指,认为由于涵盖实体未履行非歧视待遇与商业考虑义务,而致己方损害的另一缔约方有权要求该缔约方提供该涵盖实体的有关运营信息,包括其股权结构、高管任免情况、年收入与利润、对该实体进行监管的行业部门及其监管情况等。

上述CPTPP和中欧CAI对于国有企业主要从事商业活动的要求及具体的义务性规定表明,国有企业是否具有“私人投资者”的地位取决于其实质属性是公共的还是私人的。对于主要从事商业活动并且按照市场运作规律进行经营的非竞争性的国有企业,同样可以获得相关投资条约的保护,并且作为适格法人投资者获得ICSID的属人管辖权。

《区域全面经济伙伴关系协定》(Regional Comprehensive Economic Partnership,RCEP)[29]的条款设计与CPTPP、中欧CAI有所不同。RCEP第10章“投资”的第10.1条“定义”规定“法人”(juridical person)是指“根据可适用的法律建立或组织的任何实体,无论是否以营利为目的,无论属于私营或政府所有(whether private or governmental),包括任何公司、信托、合伙、合资企业、个人独资企业、社团或类似组织,以及法人的分支机构”,其中“无论属于私营或政府所有”的表述表明RCEP明确承认国有企业可以作为私人投资

[29] 2020年11月15日,中国、日本、韩国、澳大利亚、新西兰和东盟十国正式签署《区域全面经济伙伴关系协定》,标志当前世界上人口最多、经贸规模最大、最具发展潜力的自由贸易区正式启航。

者，甚至不要求以营利为目的。但是本章第 2 条第 2 款进一步规定了本章所规定的投资的适用范围的例外，包括政府采购例外、补贴或补助例外以及政府职能例外等，用以限制国企投资者的公共属性。

(三) ICSID 仲裁实践中的国企投资者

在 ICSID 的仲裁实践中，几乎所有仲裁庭在触及国企投资者的身份这个问题时，都会参照《ICSID 公约》的主要起草人艾伦·布罗切斯(Aron Broches)的该问题的阐述，即"Broches 标准"：在今天，基于资本的来源来区分私人投资和公共投资的方法即使没有过时，也不再有意义。现在有许多结合了来自私人和政府的资金的公司，以及所有股份为政府所有的公司，但是它们在法律特征和活动方面与完全私有的企业几乎没有区别。因此，根据公约的规定，除非混合经济公司或政府拥有的公司作为政府的代理人或主要履行政府职能，否则不应取消其"另一缔约国国民"的资格。[30]

根据 Aron Broches 提出的这种商业判断标准，国企投资者的身份不取决于公司的股权结构或资金来源，而是取决于其投资活动的性质。只有在国有企业扮演了政府的代理人的角色，或者行使政府职能的情况下，才能将其认定为政府的分支机构或代理人，从而失去投资条约对它的保护。因此在"北京城建诉也门案"中，尽管北京城建是国有企业，但是它从事的是市场主体行为、商业投资行为，因此属于《ICSID 公约》下的私人投资者。新兴的国际投资条约对于国有企业的条款设计与此标准相契合。

CSOB 诉斯洛伐克案[31]是仲裁庭适用 Broches 标准认定国企投资者身份的典型案例，其后的"北京城建诉也门案"的仲裁庭在裁决中援引了该案的裁决原文，并且基本遵循了该案的裁决思路。在 CSOB 诉斯洛伐克案中，申请人 CSOB 是根据捷克法律成立的一家商业银行。被申请人提出管辖权异议

---

[30] Victor Essien & Aron Broches, Selected Essays, *World Bank, ICSID and Other Subjects of Public and Private International Law*, Martinus Nijhoff Publishers, 1995, p. 202.

[31] Ceskoslovenska Obchodni Banka, A. S. v. The Slovak Republic, ICSID Case No. ARB/97/4.

的理由是,CSOB超过65%的股份被捷克政府以各种方式持有,并且CSOB在政府的控制之下,在国际银行和贸易界作为政府的代理人或代表,促进并实施了国际银行交易和商业运作等政策目标,因此CSOB不是独立的法人投资者,而是被捷克政府所拥有和绝对控制的、行使政府职能的国家机构。被申请人认为,既然CSOB并非《ICSID公约》第25条项下的"另一缔约国国民",那么ICSID对于涉CSOB的本案争端就不应具有管辖权。仲裁庭认为,在判断企业是否履行了政府职能时,必须重点关注企业活动的性质而不是它们的目的。本案发生在"天鹅绒革命"的特殊时代背景之下,CSOB各项行为的目的虽然是实现政府的政策和宗旨,但是这些行为本身的性质基本上是商业性的,而非政府性质的,因此肯定了CSOB的私人投资者身份,驳回了被申请人的管辖权异议请求。

CSOB诉斯洛伐克案体现了Broches标准的要旨之一,即国有企业投资者身份认定的唯一依据是企业活动的性质,而不考虑其出资来源以及企业活动的目的。其中将出资来源排除出认定国企身份标准的观点已经成为学界和仲裁实践的共识,但是将企业活动的目的与性质完全分离的做法在实践中却难以实现,并且受到了一定程度的质疑。《联合国国家及其财产管辖豁免公约》第2条第2款的规定、一些国家的法律机构的声明㉜以及国内法院的诉讼实践㉝都表明,难以将企业活动的目的与性质进行清晰的界分,企业活动的目的将对其性质产生重大影响,并且是判断企业投资者的主权或非主权性质的重要依据。

此外,Broches标准的要旨之二,即"履行政府职能"或"作为政府的代理人"也存在认定标准不明确和难以区分的问题。一些学者认为《国家责任条

㉜ *Report No.* 24: *Foreign State Immunity* (1984), Australian Law Reform Commission Website (10 January 2017), http://www.austlii.edu.au/au/other/alrc/publications/reports/24/.

㉝ United States Court of Appeals, Fifth Circuit. De Sanchez v. Banco Central de Nicaragua and Others, 770 F.2d 1385.

款》第5条和第8条是Broches标准的法律渊源,[34]仲裁庭也曾承认Broches因素是上述2个归责条款的镜像反映。[35] 本文认为《国家责任条款》第5条"经国家授权而行使政府权力要素的行为视为国家行为"可以作为Broches标准中"履行政府职能"的判断依据;《国家责任条款》第8条"按照国家指示或在其指挥或控制下行事的行为视为国家行为"则可以作为Broches标准中"作为政府的代理人"的判断依据。两者的区别是,"履行政府职能"强调的是被国家授权的国有企业在进行与投资相关的活动时主动运用政府权力或类似政府的权力,"作为政府的代理人"则更加侧重企业在国家的指挥或控制之下被动地实施有利于本国政策目标的与投资相关的活动。

(四)ICSID国企投资者的身份认定

ICSID的仲裁实践确立的Broches标准以及新兴国际投资条约对国有企业设置的义务表明,对于国企投资者的地位这一问题,国际社会的趋势是更关注国有企业投资者的本质,以确定国有企业偏向于公共属性还是私人属性,而不再强调国有企业的名称或股权结构等形式问题。因此,国有企业取得私人投资者身份的条件可以归结为国有企业的市场性、商业性或竞争性。这种趋势与我国国有企业改革的目标是一致的,即我国"国有企业改革要遵循市场经济规律和企业发展规律,坚持政企分开、政资分开、所有权与经营权分离……促使国有企业真正成为依法自主经营、自负盈亏、自担风险、自我约束、自我发展的独立市场主体"[36]。由于目前的国际实践并未否定国有企业的私人投资者身份,因此我国国企投资者在东道国遭遇投资风险或产生投资争端时,可以积极求助于ICSID仲裁机制,保障自身合法权益,维护国有资产的价值。另外,也应当加强国企投资者的自身监管与行业监管,强化国有企业的独立性与竞争性,实现营商环境和投资环境的整体优化。

---

[34] 参见刘雪红:《中国海外投资保护的法律障碍与制度重构——基于北京城建诉也门等五案的分析》,载《华东政法大学学报》2019年第2期。

[35] See Beijing Urban Construction Group Co. Ltd. v. Republic of Yemen, ICSID Case No. ARB/14/30, para. 34.

[36] 《中共中央、国务院关于深化国有企业改革的指导意见》(中发〔2015〕22号)。

在“一带一路”倡议的重要历史机遇期,我国国有企业海外投资迅速发展,考虑国有资产的庞大规模及其面临的投资风险,在当前认定标准不明的法律现状之下,我国应当积极参与国企投资者身份认定的规则构建,在国际投资条约条款的制定和仲裁标准的解释等方面掌握国际话语权。

四、结语

ICSID受理国际投资仲裁案件,需要具备属事管辖权、属人管辖权、属时管辖权、管辖权合意这四个要素。其中,仲裁庭对法人投资者适格性的认定实际上是通过是否承认具有属人管辖权来体现的,因此法人投资者主体适格的标准就是仲裁庭属人管辖权的成立标准。具有母国国籍的法人以及具有东道国国籍但是受到外国控制的法人是《ICSID公约》所称的适格法人投资者,其中外国控制的情形由仲裁庭根据个案情况进行裁量,在裁量中明确排除非善意投资。

为了鼓励和保护国际投资,国际投资法原则上并不禁止国籍规划或条约挑选行为,但是在ICSID的仲裁实践中,非善意投资或滥用公司形式等行为可能会构成对ICSID仲裁制度的滥用,从而使仲裁庭拒绝承认其有关主体为适格法人投资者。另外,通过对Tokios Tokeles公司诉乌克兰案、Phoenix Action公司诉捷克案这两个案例的对比,可推知时效是判断公司投资重组或国籍规划行为是否构成善意投资的关键标准。

对于特殊法人投资者,即国企投资者的身份认定需兼顾国际投资条约对“法人投资者”的定义以及《ICSID公约》对“另一缔约国国民”的定义。《ICSID公约》主要通过考量国有企业是否具有私人投资者身份来限制ICSID的属人管辖权范围;传统国际投资条约主要通过投资者的定义或范围条款明确国有企业在国际投资中的地位并根据其地位对其进行不同程度的保护;新兴国际投资条约和ICSID的仲裁实践主要关注国有企业的商业性质,将其作为认定国企投资者身份的依据。我国应当加强国有企业的自身监管与行业监管，强化国企投资者的商业性与竞争性。同时，我国应当积极参与国企投资者身份认定的规则构建，掌握国际话语权，甚至主导适格国企投资者认定标准的确立。

国外有研究指出仲裁员由于方法或偏好的不同，会对于相似问题的属人管辖权作出不一致的裁决。[37] 实践中多是对个案裁决进行解释，没有形成统一的适格法人投资者认定标准。本文认为，“看似相似的问题”在主体适格方面可能存在关键差别，ICSID 的仲裁机制实际上蕴含了适格法人投资者认定的规律和准则，因此结合相关案例的背景信息，对仲裁裁决进行深入对比分析，或许更有助于明确 ICSID 管辖权的适用规则。

---

[37] See Fauchald O. K, *The Legal Reasoning of ICSID Tribunals-An Empirical Analysis*, European Journal of International Law, Vol. 19:2, 2008.

评　　论

《上外贸涉外法治论丛》(第1卷)
第113～126页

论国际反避税中实质重于形式原则的必要限制

洪治纲*

实质重于形式(substance over form)原则自20世纪80年代开始被广泛用于反避税以来,[①]已经成为国内法及国际法中关于国际反避税的重要方法性原则,普遍存在于诸多国家的国内反国际避税立法、司法判例以及存在于国际税收协定、公约等国际税法之中,对国际反避税工作起到了很大的推动作用。然而,实质重于形式原则也不能被无限适用,应该受到必要的限制,以确保国际经济自由得到应有的保障,从而保护国际资本的正常流动和国际经贸投资等经济活动的正常发展。

---

* 法学博士,上海对外经贸大学法学院副教授,上外贸—海华涉外法治研究院副院长,主要研究领域为税法、金融法。

① 参见萧承龄:《"实质重于形式"——一项反避税斗争的国际惯例》,载《涉外税务》1999年第9期。

一、实质重于形式原则的内涵

实质重于形式原则是税法中用于反避税的一项重要方法性原则。它既被用于国际反避税,也被用于国内反避税,只是在国际反避税中更受人关注。

从起源上来看,实质重于形式原则主要产生于国际反避税实践。例如,马来西亚从1995年开始在税务稽核工作中以是否具有"密切联系"和"实质性控制"作为标准,②来判定关联企业转移定价中的某个(些)企业是否构成应当予以关联交易价格调整的关联企业。由于这种判定标准重在对外在企业关系表现形式之外的、内在的或者说隐藏着的实质性联系进行审查,因此,马来西亚的这种做法,事实上就是实质重于形式原则的体现。

再如,美国在1997年就在其反国际避税实践中开始适用实质重于形式原则的相关方法。其税务法院在"日本太羊·夏威夷公司避税案"中认定,该公司的日本母公司及关联公司对该公司的"预付款"应当按照国际借贷来扣缴利息预提税,③而不应当按照预付款而免税。因为该公司的日本母公司及关联公司对该公司的所谓"预付款",只是假借了预付款的形式,实质上应当是国际借贷,并且该公司及其日本母公司和关联公司将这些国际借贷假装成预付款的目的就是在于规避利息预提税,虽然从外在形式上看,这些公司之间的相关交易形式确实是"预付款"。

此外,1998年英国也在许多反避税案件的裁决中明显运用了实质重于形式原则的相关方法,并且强调在反避税案件的认定与处理中应当注重目的性

---

② 参见萧承龄:《"实质重于形式"——一项反避税斗争的国际惯例》,载《涉外税务》1999年第9期。

③ 参见萧承龄:《"实质重于形式"——一项反避税斗争的国际惯例》,载《涉外税务》1999年第9期。

分析,也就是说要注重审查及还原与税收相关的交易的真实目的和实质性目的,[④]而不能仅仅限于外在的、直观可视的形式目的。

经济合作与发展组织(The Organisation for Economic Co-operation and Development, OECD)在其《税收协定范本》(Model Tax Convention)中就避税港受控外国公司等问题的判定上也早就确定了实质重于形式原则,并且强调在反避税时应当透过外在的法律形式安排,发现交易的实质,防止当事人利用外在的虚假交易结构和法律形式来不当避税。[⑤] 另外,1998 年 4 月 OECD 理事会各成员投票通过的《OECD 关于有害税收竞争报告》中,在避税港和有害优惠税制的判定上,也使用了依据实质而不是依据名义进行判别的方法。例如,该报告中对于避税港的认定标准主要为:第一,该地区不征税收或者只有名义上的税收(在一般或特别的环境下),并且该种税制情况使该管辖区成为非居民逃避本国税收的场所;第二,在法律和行政管理方面,该地区不能与其他地区进行有效的涉税信息交换,从而使纳税人在低税区或者无税区获得利益;第三,该地区的税制缺少透明度;第四,该地区对于所设实体没有作出实质经营活动的要求,对业务经营范围也不要求明确。[⑥] 凡是符合这四个实质方面的就是应当予以制裁的有害国际税收竞争的避税港。另外,OECD 在税基侵蚀和利润转移(Base Erosion and Profit Shifting, BEPS)行动计划中也确立了实质重于形式原则,并且在 2017 年修订《税收协定范本》时,将 BEPS 行动计划的诸多新的变动内容整合进入了其税收协定范本之中。[⑦]

从以上的反避税的实践做法及相关法律文件中可以看出,实质重于形式

---

④ 参见萧承龄:《"实质重于形式"——一项反避税斗争的国际惯例》,载《涉外税务》1999 年第 9 期。

⑤ 参见经济合作与发展组织(OECD)网,https://www.oecd.org/ctp/model-tax-convention-on-income-and-on-capital-full-version-9a5b369e-en.htm。

⑥ OECD, Harmful Tax Competition: An Emerging Global Issue, 1998. 转引自樊穗、陈虎:《OECD 关于有害国际税收竞争的法律规制概述》,载《税务研究》2017 年第 1 期。

⑦ 参见张文春:《【特别关注】OECD 批准税收协定范本 2017 年的升级(中英)》,载搜狐网 2017 年 11 月 28 日,https://www.sohu.com/a/207019896_611489。

原则在内涵上是指在是否应当征税以及其他相关涉税因素的判定上,不能仅仅限于交易关系和法律关系的形式,还应当穿透形式分析认定其所隐藏的实质情况,包括实质的交易关系、事实关系,以及其实质的交易与架构的目的,并且应当最终按照实质的情况来决定如何适用税法以及如何征税。实质重于形式原则在法律原理上等同于民商法中的"揭开公司面纱"。这种原理对于防止法律滥用并以此保护更大的价值利益的问题,以及对于相对有效地解决因法律落后于社会经济发展而产生的问题,都具有十分重要的作用。

2008年我国《企业所得税法》正式确立了体现实质重于形式原则的特别纳税调整制度并首次规定了一般反避税条款,即《企业所得税法》的第六章"特别纳税调整"。《企业所得税法实施条例》及之后颁布的一系列规章包括《特别纳税调整实施办法(试行)》(国家税务总局2009年1月8日发布)、《一般反避税管理办法(试行)》(国家税务总局2014年12月2日发布)等,又对实质重于形式原则的具体适用予以了细化。根据这些规定,对于一般反避税条款的适用,应当以是否具有合理商业目的和经济实质的类似安排为基准并按照实质重于形式原则进行特别纳税调整。⑧ 对于其他特别反避税措施,则分别按照价格的公允性、实际税负性和利润分配情况、利息支出的真实性与合理性等为基准,并按照实质重于形式原则,进行适用。

我国税法上的实质重于形式原则的内涵要点,从企业所得税立法上来看,主要包括如下几个方面:第一,凡是企业纳税人实施了不具有合理商业目的的安排并因此减少其应纳税收入或者所得额的,税务机关均有权按照合理方法调整,即一般反避税条款,此为《企业所得税法》第47条之规定。第二,对于关联方的转让定价,凡不符合独立交易原则的,税务机关有权按照合理方法予以调整,此为《企业所得税法》第41条、第42条、第43条和第44条之规定。第三,对于避税港和受控外国公司,凡是实际税负明显低于规定税率水平且并非由于合理的经营需要而不分配或者少分配利润的,则应当对相应

⑧ 参见廖体忠:《积极落实G20税改成果 努力打造公平和现代化的国际税收体系》,载《国际税收》2017年第8期。

利润征税,此为《企业所得税法》第45条之规定。第四,对于资本弱化行为,凡是企业从其关联方接受的债权性投资与权益性投资的比例超过规定标准而发生的利息支出,则超出的部分不允许扣除且应当征税。前述第二至第四点所述之内容是我国税法上的特别反避税措施。无论是一般反避税条款,还是特别反避税措施,均是实质重于形式原则的具体体现。此外,我国在个人所得税立法中也确定了与企业所得税法具有相同原理的实质重于形式原则。

二、实质重于形式原则在实际运用中的争议

实质重于形式原则虽然在概念界定上看似内涵清晰,但是在实际操作中却因有关“实质”的要素难以被客观判定而引来争议。

例如,我国税务部门在实施实质重于形式原则时,就有不少案例引发了广泛的争论。下面举两个较为有名的案例。

比如,2010年江都市税务部门就境外间接转让股权追征约合1.73亿元人民币所得税的受控外国公司反避税案例。

美国A投资公司在中国香港特别行政区设有全资子公司B公司,B公司是江都市一合资公司扬州某钢管公司的股东并拥有该钢管公司49%的股权;2010年,美国A投资公司将其所持有的中国香港特别行政区B公司的100%的股权转让给了美国C公司。对于这项境外的股权交易,江都税务部门在知悉后启动了国际反避税审查,并认定这项交易实质上是在转让扬州某钢管公司的49%的股权,并且形式上被转让的中国香港特别行政区B公司是“无雇员、无其他资产和负债、无其他投资、无其他经营业务”的公司,不具有合理的商业目的,故而美国A投资公司应当依据中国税法的规定(国税函〔2009〕698号《国家税务总局关于加强非居民企业股权转让所得企业所得税管理的通知》)向中国税务部门纳税。根据这样的认定,江都税务部门最终从美国A投资公司追征了2540万美元(当时约合1.73亿元人民币)的非居民企业所得税。

国税函〔2009〕698号之规定及后来作为更新的国家税务总局2015年第7号文件及2017年第37号文件(上述文件均已失效)是我国企业所得税法第六章“特别纳税调整”之相关规定的重要执行性规范性文件,它们对于受控境外公司转让股权的不合理避税行为的认定标准是:(1)非居民企业所实施的间接股权转让交易的整体安排不具有合理商业目的,包括境外企业及直接或间接持有中国应税财产的下属企业所实际履行的功能和承担的风险不能证实该企业架构具有经济实质,以及股权转让方间接投资、间接转让中国应税财产交易与直接投资、直接转让中国应税财产交易之间具有可替代性等。(2)间接转让中国居民企业股权等财产并且该交易产生与直接转让中国应税财产相同或相近的实质结果。(3)转让交易减少中国所得税负担,规避企业所得税纳税义务。[9] 上述标准简要地概括起来就是“无雇员、无其他资产和负债、无其他投资、无其他经营业务”。

然而,有学者对此提出不同意见:“境外控股公司‘无雇员、无其他资产和负债、无其他投资、无其他经营业务’是否就意味着设立该公司不具有合理的商业目的?笔者以为这样的认定标准有失妥当……税务机关应当证明……设立该境外控股公司并由该控股公司持有中国居民企业股份除了减轻税负没有其他目的。”[10]

不仅在我国国内,实质重于形式原则在国外的运用上也引发了诸多争议。原欧洲法院的判例吉百利史威士股份有限公司(Carlbury Schweppes)案中就对英国的受控外国公司(Controlled Foreign Corporation,CFC)反避税条款规定予以了否定,因为英国的CFC条款构成了对跨境投资自由的不当限制,

---

⑨ 《国家税务总局关于加强非居民企业股权转让所得企业所得税管理的通知》(国税函〔2009〕698号)中的部分内容于2015年2月3日被国家税务总局废止,取而代之的是国家税务总局公告2015年第7号《关于非居民企业间接转让财产企业所得税若干问题的公告》和2017年第37号《关于非居民企业所得税源泉扣缴有关问题的公告》。但该等规定在对间接转让股权财产的处理上采用实质重于形式原则的做法同国税函〔2009〕698号文无实质性差异。

⑩ 沈伟:《后金融危机时代的全球反避税措施:国别差异路径和全球有限合作》,载《比较法研究》2018年第1期。

损害了在境外设立公司的自由。[11] 英国 CFC 条款规定，如果一受控外国公司所在国的税率低于英国所规定的税率的四分之三时，除非满足除外条件，否则应当将受控外国公司的利润纳入位于英国的母公司并向英国缴税。但是，欧洲法院在吉百利史威士股份有限公司案中认为，纳税人有权降低税负，纳税人选择去低税负国家投资的行为本身并不构成对税法的滥用。英国 CFC 条款将位于低税负欧盟成员国的子公司的利润强行纳入位于英国的母公司进行征税，而对英国国内的子公司的利润分配却不征税，这构成了对跨境投资自由的不当限制，损害了在境外设立公司的自由。并且，这种对跨境投资的限制只有在具备重大公共利益且符合比例原则时才应当被支持。欧盟成员国不能仅仅基于在低税率国设立子公司的行为来作一般性避税推定。[12]

此外，OECD 关于治理有害税收竞争的报告及其税收协定范本中关于实质重于形式原则的内容也招致了许多国家的反对和争议。此处不再赘述。

从上述争议的情况来看，无论是国际反避税还是国内反避税，对于实质重于形式原则的运用需要考虑予以必要的限制，否则将可能引发更多、更广泛的争议。

三、在国际反避税中对实质重于形式原则予以必要限制的原因

如前所述，实质重于形式原则在运用中存在不少争议，为使该原则在实践中更好地实现其反不合理避税的价值功能，应当对其进行必要的限制。总结下来，应当对该原则予以必要限制的原因主要如下。

（一）避税行为并非都是非法行为

联合国税收专家小组对避税的解释是："一般来说，避税可以认为是纳税人采取某种利用法律上的漏洞或者含糊之处来安排自己的义务，以致减少其

---

⑪ 参见贺燕：《欧盟反避税指令：欧盟反避税协调的新纪元？》，载《国际税收》2020 年第 1 期。

⑫ 参见贺燕：《欧盟反避税指令：欧盟反避税协调的新纪元？》，载《国际税收》2020 年第 1 期。

本应承担的税收数额,而这种做法实际不受法律约束,虽然避税行为可能被认为不道德,但避税所使用的方法是合法的,而且纳税人的行为不具有欺诈的性质。'"[13]可见,避税行为从形式上看是利用合法的方法降低税负的行为,并非都是非法行为。国内不少学者也认为避税行为具有非违法性。例如,朱作鑫认为:"从避税行为本身的特点来看,它应该属于'非违法'的范畴。"[14]再如,潘明星等人认为:"……国际避税的合法是指这一行为在特定国家的特定时期是不违法的,甚至可以说是纳税人在履行应尽纳税义务的前提下,依据税法上的'非不允许'及未规定的内容进行自己行为选择的一种权利,不但不违法,而且应当受到法律的保护。"[15]事实上,从客观上讲,避税行为是税法条款内容规定上的差异所导致的纳税人选择性地遵守税法的条款内容的套利行为。这种套利不仅存在于国际经济活动中,也广泛存在于国内经济活动中。因此,从客观中立的本质上看,避税行为是一种税法遵从行为,而不是违反税法的行为,至少也应当是非违法行为。

认识到并承认避税行为的如上客观本质,对于实质重于形式原则的合理定位与正确运用非常重要,否则,如果一概认为避税行为均是违法行为的话,那么实质重于形式原则在定位和运用上就将会被无限拓展到包括合理的避税行为在内的任何避税行为。而这显然是同税法立法与实施的应然状态不相符合,因为既然税法规定有不同条款和差异化内容,既包括一部税法之中的不同条款和差异化内容,也包括不同税法之间以及不同国别之间税法的不同条款和差异化内容,那么就必然会有也应当允许纳税人选择遵守对自己有利的条款与内容,并且,税法的一个重要的天然功能就是通过差异化的规定来引导纳税人的行为从而实现调节、管理社会经济的目的,这也是法律对人

---

[13] 熊少平:《国际避税与反避税若干理论综述》,载《湖北财经高等专科学校学报》2007年第2期。

[14] 熊少平:《国际避税与反避税若干理论综述》,载《湖北财经高等专科学校学报》2007年第2期。

[15] 熊少平:《国际避税与反避税若干理论综述》,载《湖北财经高等专科学校学报》2007年第2期。

们行为的指引性作用的体现。因此,税法是允许纳税人通过遵守不同的税法规定来避税的,并非所有的避税行为都是非法的。

(二)不限制实质重于形式原则会不当破坏国际法的稳定性和国际经济自由

实质重于形式原则的运用,本质上是对特定涉税行为的既有法律遵从形式的否定,并通过这种对形式的否定来找到所谓的行为实质,从而依据该等实质来重新选择和适用另外的法律。然而,该原则的不当适用会在客观上破坏法律的稳定性,对国际避税行为的否定而言就是在客观上破坏了国际法的稳定性,从而会破坏行为人对国际经济活动的预期,造成国际经济活动的不稳定甚至无所适从。而国际法的稳定性对于国际经济活动的开展及国际经济的发展十分重要。

另外,对国际法稳定性的破坏,还会影响国际经济活动的自由。国际经济活动的自由,意味着行为人对国际经济活动的选择自由以及对国际经济活动成果的保有权利。国际经济活动的自由,是国际经贸与投资等国际经济活动不可或缺的依托与重要基础,也是国际市场一体化发展的基本保障,还是国际市场机制作用可以正常发挥的根本原因。因此,国际经济活动的自由是应当予以保护和促进的。然而,不加限制地运用实质重于形式的反避税原则,将可能对正常的国际经济活动予以否定,不当增加国际经济活动的税法制度成本,打击国际经济活动的积极性与自主性,从而影响国际经济活动的自由。

(三)尊重别国(地区)税法的效力性对于本国国际经济活动的发展具有重要意义

一国(地区)的税收优惠政策和税收法律被另一国(地区)所承认,这对于该国(地区)的国际经济活动具有十分重要的意义。如果得不到承认,那么该国(地区)的税收优惠政策和税收法律的实施结果就无法惠及参与国际经济活动的市场主体,而会在事实上被转移至别国(地区)之政府,从而打消或减损市场主体参与国际经济活动的积极性。因此,从国际关系的一般情况来看,一国(地区)的税收优惠政策和税收法律理应被另一国(地区)所承认,因为这涉及一国的税收主权、国家利益(或者一地区的税收独立性和地区公共利益)等诸多重大的问题。

然而,一国(地区)运用实质重于形式原则进行国际反避税的做法,在客观上和事实上是侵犯了另一国涉税收优惠的税收主权与国家利益的(或者是侵犯了另一地区的税收独立性和地区公共利益的)。并且,这种侵犯还可能引发对方国家(地区)依据国际法对等原则针对本国(地区)的报复,并可能引起国家(地区)之间无休止的相互报复行动。

所以,如何合理地限制实质重于形式原则的运用,防止对该等税收主权和国家利益(税收独立性和地区公共利益)的不当侵犯,防止国家(地区)之间根据对等原则相互无休止地报复,是十分必要的。

(四)跨国经济活动目的是多样化的

如前文所述,实质重于形式原则运用的核心是判断一项跨国涉税经济活动是否存在真实的经济利益,包括是否具有合理的商业目的与真实的商业存在等,如不存在将被认定为实质上是单纯的避税目的行为。然而,虽然跨国经济活动的目的常见为经济利益目的,但经济利益目的并非全部目的。如今,跨国经济活动的目的越来越呈现多样化的发展趋势,如规避非经济类风险目的、人道主义目的、文化交流目的等,并且这些多样化的目的中有很多都是很正当并且值得提倡的。也就是说,一项涉税的国际经济活动及所涉及的实施主体,虽然可能确无真实的经济利益存在,但却具备除单纯避税目的之外的其他合理目的。因此,如果单纯以是否具有真实的经济利益作为判定反避税的对象的标准,那么就可能不当地阻碍国际这些正常的非经济类目的的实现,从而造成非正义的结果。

所以,如何通过合理限制实质重于形式原则的运用来维护具有多样化目的的跨国经济活动,或者说至少是要确保跨国经济活动的多样化目的的实现不会被反避税规则不正当侵害,这是在国际反避税工作中适用实质重于形式原则时不得不认真考虑的另一个重要的问题。

(五)国际税收竞争具有许多正面效应

从一般意义上讲,跨国避税活动是国际税收竞争的结果。如果没有国家(地区)之间的国际税收竞争,那么就不可能存在市场主体的跨国避税行为与活动。

国际税收竞争,也就是国家(地区)之间竞相实施税收优惠政策和税收法律的竞争行为,它有着诸多的正面效应。例如,国际税收竞争可以将国际上平均的税负降低至合理的水平,从而惠及国际经济活动;国际税收竞争可以使一国(地区)通过对外开放和吸引外资、引进先进技术与管理经验,从而得到快速的发展;国际税收竞争还可以改善一国(地区)的社会经济治理水平;等等。因此,国际税收竞争并不是坏的,只有过度的国际税收竞争才可能是有害的。并且,过度国际税收竞争直接危害的是政府的税基和税收收入,但是对于民间的市场主体而言,越是充分的国际税收竞争则越是对市场主体有利。并且即使是对于政府税基和税收收入的侵害而言,当市场主体发展壮大、经济基础得到增强时,其被侵害的税基和税收收入也会在某种程度上得到恢复甚至增长。

所以,实质重于形式原则的运用,应当集中于反对那些过度并且有害的国际税收竞争,而不应当不加合理限制地不当扩大,并且对于"过度并且有害的国际税收竞争"的判定还不能过于宽泛。

四、在国际反避税中对实质重于形式原则予以必要限制的路径

(一)对"实质"的范围予以更加合理的界定

当前关于"实质"的范围的判定主要是看相关行为是否是以规避税法为目的且不具有经济现实的虚假行为,主要就是否具有真实经济活动、是否具有实质性经营活动或者是否具有合理的商业目的进行判定。这种主要以是否存在真实经济活动作为标准判定是否应当适用实质重于形式原则的做法,

不符合跨国经济活动目的多样化的现实。因此,应当优化对“实质”的范围的界定。

具体优化的路径应当是在当前的判断标准的基础上增加其他的合理目的标准,同时对合理的商业目的的外延进行拓宽。例如,某企业A有可能希望通过国际避税来减轻自身的成本负担从而渡过发展难关,其设置国际避税主体的行为就不适合被认定为是应当被反对的国际避税行为。尤其是在我国推进更高水平的对外开放的发展过程中,我国企业的这种在国际范围内配置资源和成本的做法将会越来越多也越来越平常,从我国企业有效利用好国内国际两个资源的角度来看,也应当对“实质”的范围进行更加科学合理的界定。

(二)遵守比例原则

实质重于形式原则在适用时应当遵守比例原则,即应当将其所实现的反避税、防止税基侵蚀的价值,同国际经贸投资自由之价值、企业等私人部门利用国际条件配置资源之价值、国际税收竞争的正常利益价值、国际经济发展对国内经济发展的促进之价值、尊重及维护国际法及国内法之稳定性所带来的价值等,进行衡量和比较,只有当前者价值高于后者时才可以运用实质重于形式原则,即以比例原则来限制实质重于形式原则的适用。

在适用比例原则对实质重于形式原则的适用进行限制时,还应当特别考虑到暂时受到侵蚀的税基可能会因市场主体发展壮大及经济基础增加而自动恢复甚至增长的因素,也就是要以发展的观念为指导来适用比例原则。

(三)通过国际协定或公约对实质重于形式原则的适用进行限定与协调

国际反避税的立法与实践,最终需要通过国际协定或公约来实现。因此,通过国际协定、公约来对实质重于形式原则的适用进行必要的限制是必然的路径,这样既可以快速且有效地形成国家(地区)之间的共识,将国际反避税中实质重于形式原则的适用限制在应有的必要范围之内,又有助于减少国家(地区)之间的分歧与纠纷从而促进国际反避税工作的协调一致和有序推进。

过去,相关国际协定和国际公约主要体现为不断地采纳实质重于形式原则进行国际反避税和防止税基侵蚀,而不是对该原则进行限制。但是,这一原则的普遍适用,对国际经济活动产生了日益明显的负面影响,如何将该原则的适用限定于合理的范围之内就成为新的问题。那么,如何通过国际协定和国际公约来对该原则的适用进行必要的限制呢?本文具体提出如下几项建议:

第一,无论是什么样的国际协定或公约,其均应当对实质重于形式原则中的"实质"的范围做出合理的界定,并应当使该原则遵守比例原则,关于这些前文已有论述,此处不再赘述。

第二,通过专门的双边或多边谈判来形成相关的国际协定或公约。

第三,在现有国际机制与合作框架下形成相关的国际协定或公约,例如OECD、二十国集团、联合国、《区域全面经济伙伴关系协定》、世界贸易组织等。

第四,在区域经济一体化的机制下,可以通过区域内的国际立法来实现。例如,欧盟为在欧盟层面落实BEPS行动计划出台了反避税指令Ⅰ和Ⅱ,该等指令要求反避税工作应当尊重维护欧盟内部之"基本自由"(即欧盟内部的产品流通自由,人员、服务和资本流动自由等),以及要求遵守比例原则的做法,⑯事实上是对实质重于形式原则适用的一种必要的限制,可资借鉴。

五、结论

综上所述,虽然实质重于形式原则在国际反避税中扮演了十分重要的作用,能够在一定程度上防止国际税基侵蚀。但是如果不对该原则的适用施加必要的限制,也会带来诸多不利的负面后果,包括破坏国际法的稳定性、侵犯

---

⑯ 参见贺燕:《欧盟反避税指令:欧盟反避税协调的新纪元?》,载《国际税收》2020年第1期。

基本的国际经济活动自由、侵害国际国内发展利益等方面,故应当对该原则的适用施加必要的限制。

这种必要的限制包括对“实质”的范围予以更加合理的界定,要求对该原则的适用遵守比例原则,以及通过国际协定或公约对实质重于形式原则的适用进行限定与协调等。

《上外贸涉外法治论丛》(第1卷)
第127~138页

欧盟外资安全审查新趋势及我国的应对

李晓珊[*]　陈伯嘉[**]

一、《欧盟外资安全审查条例》基本框架梳理

2019年3月21日,由欧盟理事会通过的《对进入欧洲联盟的外国投资建立安全审查框架的第2019/452号欧盟条例》(以下简称《欧盟外资安全审查条例》)在欧盟《官方公报》上公布,并于2020年4月10日生效。目的是给予欧盟各成员国充足的时间调整本国的相关法律法规,以适配《欧盟外资安全审查条例》给各成员国国内法带来的冲击。《欧盟外资安全审查条例》的实施标志着欧盟第一次建立起统一的外资安全审查框架,这同时是世界范围内第一个国家联盟层面的外资安全审查框架(以下简称外资审查)。《欧盟外资安全审查条例》赋予欧盟委员会(以下简称欧委员)以"安全和公共秩序"为由对成员国境内的外商直接投资活动开展事实层面审查的权力,并且创

* 上海政法学院副教授,法国巴黎第二大学法学博士。
** 上海对外经贸大学法学院2020级法律硕士研究生。

新性地赋予其他欧盟成员国间接审查权,即其他成员国在满足条例规定的情况下有权对东道国相应的外商直接投资交易活动提出意见或发表评论。① 欧盟是目前全球最大的外国直接投资目的地,其虽以开放和包容著称,但《欧盟外资安全审查条例》的施行在很大程度上标志着欧盟对外商投资的开放政策与相关法律法规开始趋于保守。

在欧盟全部27个成员国中,目前只有14个成员国拥有自己的外资安全审查制度,为了让有外资安全审查制度的成员国和缺乏外资安全审查制度的成员国共同参与到条例搭建的框架内,欧委会以《里斯本条约》(Lisbon Treaty)中的共同商业政策(common commercial policy)条款为法律基础创建了欧盟独有的外资审查合作机制,该合作机制在不违背《欧洲联盟条约》第4条第2款的前提下赋予了欧委会对各成员国外资活动的实质审查权,在一定程度上尊重并保障了各成员国自身的国家主权。②

为了加强各成员国在欧盟外资审查框架下的互相协调与合作,增强安全审查机制的确定性,《欧盟外资安全审查条例》在说明部分的第21条、第22条详细列明了各成员国应在框架内遵守的通知、信息披露等若干程序性规定,提升了外资审查程序的透明度和可操作性。从外资审查的整个程序来看,《欧盟外资安全审查条例》以成员国有无本国自身外资审查制度为标准设立了两套外资审查流程。

如果东道国已有外资审查机制,应当在启动自身外资审查程序时将具体的外资项目和本国已经实施的监管措施等情况以书面形式通知欧委会及其他欧盟成员国,欧委会和其他成员国可以在收到通知后35天内提出相关意见,东道国可就欧委会或成员国提出的意见进行解释或抗辩,对于欧委会或其他成员国的意见,东道国应当予以"适当考虑"。③ 尽管如此,外资审查的

---

① 《欧盟外资安全审查条例》第6条。

② 《欧洲联盟条约》第4条第2款:"条例建立的共同框架不妨碍维护国家安全是每个成员国独一无二的责任。"而《欧盟外资审查》建立的合作机制将外资审查的最终决定权保留给成员国自身,从而规避该条与《里斯本条约》中"共同商业政策"条款间的矛盾。

③ 《欧盟外资安全审查条例》"说明"第17条。

最终决定权仍然由东道国专属，欧委会和其他成员国无权改变东道国审查主管机关作出的最终审查决定。④

如果东道国尚未建立本国的外资审查机制，则不存在主动通报的问题。这些成员国应当在每年3月31日之前以书面形式向欧委会报告其境内的外国直接投资活动的具体情况，欧委会将通过合作机制将相关信息进行审核处理，在保证东道国国家安全和投资方商业秘密的前提下向其他成员国披露东道国的报告内容，欧委会和其他成员国可以就这些内容提出意见。当其他成员国或欧委会认为在该东道国境内进行的投资活动可能会影响其他成员国的"安全与公共秩序"或对"事关欧盟利益的项目或计划"产生影响时，欧委会有权要求东道国政府相关部门提供有关投资活动的额外信息，并就此发表意见。此时东道国对欧委会的意见不再只需"适当考虑"，而应做到"尽力遵循"。如果东道国不遵循欧委会的相关意见，则必须向欧委会提供书面说明。⑤ 这种情况下东道国虽然仍保留外资审查的最终决定权，但势必会面临来自欧委会和其他成员国的巨大政治压力。

另外值得一提的是，《欧盟外资安全审查条例》第8条第3款和附件中将可能影响具有欧盟利益的计划或项目以列举方式进行了规定，列出的"影响清单"显示了欧盟对这些核心产业的重视程度以及欧委会在此范围内的自由裁量权。这意味着一旦外国直接投资交易活动与该影响清单中列举的行业产生关联，该交易活动将会引起欧委会和其他成员国的严重关切。《欧盟外资安全审查条例》在附件中总共列举了8项影响欧盟核心利益的项目或计划，它们包括欧洲全球卫星导航系统（GNSS，伽利略计划）、欧盟科研框架计划、哥白尼计划（地球环境安全检测系统计划）、泛欧能源网络（TEN-N）、泛欧交通网络（TEN-T）、泛欧通信网络（TEN-Tel）、欧洲国防工业发展计划（EDIDP）以及永久结构性防务合作计划（PESCO）。⑥ 除此之外，第8条第4

④ 《欧盟外资安全审查条例》第5条、第6条。

⑤ 《欧盟外资安全审查条例》第7条、第8条。

⑥ 《欧盟外资安全审查条例》附件。

款还授权欧委会可通过正当程序对该影响清单进行修改,[7]也就是说欧委会可以在认为条件允许的情况下通过法定程序扩充或删减该影响清单列举的项目或计划。这表明《欧盟外资安全审查条例》以授权立法的方式扩大了欧委会对外国直接投资的直接审查权,欧委会在此情况下对投资东道国发表的意见将具有更重的分量。

在《欧盟外资安全审查条例》出台之前,欧盟境内的外资审查只存在于各个成员国层面,该条例的出台使欧盟能够在兼顾欧盟共同利益的情况下对发生在欧盟范围内的所有外国直接投资事项进行实质性审查。虽然该实质性审查所依据的《欧盟外资安全审查条例》仅仅具有软法的性质,并不能直接使欧委会获得对各成员国外资审查的决定权,但通过条例创造的"多边+双重"审查合作机制,欧委会无疑能够对欧盟成员国外资审查的决策过程施加更大的影响。

《欧盟外资安全审查条例》的出台标志着欧盟开始注重资本自由开放与限制外资流动以保证欧盟核心利益与国家安全之间的平衡,欧委会试图通过这种软法机制和"双边+多重"合作框架机制缓步推进欧盟外资审查的过程。然而,突如其来的新冠病毒疫情却让欧盟立法改革出现了新情况与新变化。

二、疫情背景下欧盟外资审查趋势分析

(一)出台《欧盟外资安全审查条例实施指南》以应对疫情下的投资安全风险

《欧盟外资安全审查条例》出台近一年后,新冠病毒疫情在全球范围内暴发,疫情引发的经济震荡增加了医疗健康等战略产业所面临的系统性潜在风险。欧委会于2020年3月25日颁布了《欧盟第2019/452号条例实施前面向

---

⑦ 《欧盟外资安全审查条例》第8条第4款规定:"委员会应根据第16条采纳委托法令,以修订具有联盟利益的计划或项目的清单。"

成员国针对外国直接投资和资本自由流动以及保障欧洲战略资产的指南》（以下简称《欧盟外资安全审查条例实施指南》）。[8] 欧委会主席冯德莱恩（Ursula von der Leyen）在 2020 年 4 月的一次采访中表示："我们需要知道是谁从国外投资这些公司，投资目的是什么。在公共卫生和经济危机期间，当我们变得更脆弱时，这一点尤为重要。与任何危机一样，当我们的工业和企业资产可能面临压力时，我们需要保护我们的安全和经济主权。根据欧洲和各成员国的法律我们拥有处理这一局势的工具，我要敦促成员国充分利用这些工具。对外国直接投资，欧盟现在和将来都是开放的市场。但这种开放并不是无条件的。"[9]

面对疫情对欧盟经济的冲击，欧委会认为疫情会使欧盟重要战略行业的潜在风险增加，并且其范围并不仅限于医疗保健相关行业。这些行业必须具备满足欧盟公民需求的恢复能力，而这方面的工作也将成为欧盟和成员国共同努力的重点之一。针对疫情对欧盟医疗保健行业领域的影响，欧委会认为在新冠病毒疫情不断蔓延的紧急情况下，外国企业通过直接投资获得医疗保健能力（例如医疗或防护设备的生产）或研究机构（例如开发疫苗）等相关产业的风险可能会增加。其敦促欧盟和各成员国应当保持警惕，以确保任何此类外国直接投资不会对欧盟满足其公民健康需求的能力产生有害影响。[10]

从现实角度而言，疫情对欧洲经济的冲击势必会对欧盟本土企业的估值产生一定的负面影响，这无疑为外国战略投资者提供了机会。如果外资在此种情况下大量涌入，而购入的企业又恰好属于欧盟的战略性产业或属于对未来经济复苏有决定性意义的产业，那么这种投资并购行为势必会对东道国乃

---

⑧ European Commission, *Communication from the Commission Guidance to the Member States concerning Foreign Direct Investment and Free Movement of Capital from Third Countries, and the Protection of Europe's Strategic Assets, a head of the Application of Regulation* (*EU*) 2019/452 (*FDI Screening Regulation*), C(2020) 1981 final.

⑨ 第一财经：《欧盟外资审查趋严，是疫情期间临时"防抄底"还是常态化？》，载第一财经百家号 2020 年 5 月 2 日，https://baijiahao.baidu.com/s? id = 1665533890091797298&wfr = spider&for = pc。

⑩ 《欧盟外资安全审查条例实施指南》第 1 页。

至欧盟的经济带来一定影响,进而引起各国政府的警觉。《欧盟外资安全审查条例实施指南》的出台表明欧委会借鉴了欧洲主权债务危机时的教训,为了防止外资抄底而在政策层面进一步加强了对外国直接投资准入机制的管控。

(二)扩充负面清单以加强对欧盟核心产业的保护

《欧盟外资安全审查条例实施指南》出台后仅4个月,欧委会又通过立法的方式持续增强对外资审查的管控。2020年7月13日,欧委会发布(EU)2020/1298号决议对《欧盟外资安全审查条例》进行修改,[11]修改对象为条例附件中载明的影响联盟核心利益的项目或计划的清单,将清单中原本8项项目或计划扩充至11项,增加的3个项目分别为制订新的欧盟关于欧洲最新军事卫星通信系统(GOVSATCOM)方案的筹备行动、[12]国防研究筹备行动[13]以及欧洲国际热核聚变实验堆(ITER)联合承诺书。[14] 其中GOVSATCOM是还未完全建成投入使用的欧洲最新的军事卫星通信系统;国防研究筹备行动是欧洲防务局(EDA)筹备的最新国防安全计划;欧洲ITER联合承诺书是国际热

---

[11] Commission Delegated Regulation (EU) 2020/1298 of 13 July 2020 amending the Annex to Regulation (EU) 2019/452 of the European Parliament and of the Council establishing a framework for the screening of foreign direct investments into the Union C(2020)4721.

[12] Preparatory Action on Preparing the new EU GOVSATCOM programme: Regulation (EU, Euratom) 2018/1046 of the European Parliament and of the Council of 18 July 2018 on the financial rules applicable to the general budget of the Union, amending Regulations (EU) No.1296/2013, (EU) No.1301/2013, (EU) No.1303/2013, (EU) No.1304/2013, (EU) No.1309/2013, (EU) No.1316/2013, (EU) No.223/2014, (EU) No.283/2014, and Decision No.541/2014/EU and repealing Regulation (EU, Euratom) No.966/2012, and in particular Article 58(2)(b) thereof (OJ L 193, 30.7.2018, p.1).

[13] Preparatory Action on Defense Research: Regulation (EU, Euratom) 2018/1046 of the European Parliament and of the Council of 18 July 2018 on the financial rules applicable to the general budget of the Union, amending Regulations (EU) No.1296/2013, (EU) No.1301/2013, (EU) No.1303/2013, (EU) No.1304/2013, (EU) No.1309/2013, (EU) No.1316/2013, (EU) No.223/2014, (EU) No.283/2014, and Decision No.541/2014/EU and repealing Regulation (EU, Euratom) No.966/2012, and in particular Article 58(2)(b) thereof (OJ L 193, 30.7.2018, p.1).

[14] European Joint Undertaking for Intercaecal Decision (Euratom) 2007/198 of 27 March 2007 establishing the European Joint Undertaking for ITER and the Development of Fusion Energy and conferring advantages upon it (OJ L 90, 30.3.2007, p.58).

核聚变实验堆(ITER)计划的欧盟内部组织即聚变能组织(F4E)在欧盟成员国内签订的联合承诺书。

此次修改是自该条例生效以来欧委会第一次动用《欧盟外资安全审查条例》第8条第4款赋予的权力修改条例附件中的项目清单,值得注意的是清单中原有的8个计划或项目都是欧盟及其成员国正在进行中或业已完成的项目或计划,而本次修改新增的3个项目却包含了两个正在筹备阶段的项目,即制订新的欧盟政府GOVSATCOM方案的筹备行动和国防研究筹备行动。

欧盟将尚未完全投入使用的项目或计划列入该影响清单,表明了欧盟对敏感产业外商投资活动加强管控的趋势。新冠病毒疫情严重影响了欧盟本土的经济环境,如果此时放任外国资本大量流入国防、卫星、核工业等欧盟核心行业,必将对欧盟的安全及公共秩序带来极大的风险。扩充影响清单的行为是欧盟通过政策工具避免当前的公共安全危机引发关键资产流失。这些持续性、战略性的产业因疫情所面临的风险可能由于欧盟资本市场的波动而增大,卫星、防务、核能等战略资产不仅对于欧盟的整体安全至关重要,其为欧盟本土企业带来的巨额经济利益和工作岗位也是欧盟迅速走出疫情危机的重要保障。

三、《欧盟外资安全审查条例》对资本自由流动原则的背离

《欧洲联盟运行条约》第63至第66条规定了欧盟资本自由流动原则及其例外条款,其中第63条第1款规定:“在本章规定的框架内,禁止一切针对成员国之间以及成员国与第三国之间资本自由流动的限制。”这一条款为第三国与欧盟成员国之间的资本流动提供了基本自由。[15] 而第65条第1款则

---

[15] Peter v. Willowy, Freshest des Kapital-und Zahlungsverkehrs, in: Dirk Ehlers (Hrsg.), Europäische Grundrechte und Grundfreiheiten, De Gruyter, 2009, p.402-403.

规定了欧盟在适用资本自由流动原则时的例外条款,成员国可以基于“安全与公共秩序”的考虑而采取减损资本自由流动的限制性措施。由此可见,《欧盟外资安全审查条例》对于第三国对欧投资的监管与限制在法律条文层面与资本自由流动原则产生了一定的矛盾,只有通过对第65条第1款中资本自由流动原则的例外条款的解释,才能使《欧盟外资安全审查条例》不与其上位法《欧洲联盟运行条约》相违背。下文将着重讨论《欧盟外资安全审查条例》中“安全与公共秩序”审查标准的解释要求,以及《欧盟外资安全审查条例》对第三国直接投资交易的限制是否符合《欧洲联盟运行条约》及欧盟判例法确立的资本自由流动原则。由于涉及欧盟安全与本土核心产业的发展,欧盟一直未对“安全与公共秩序”进行明确的成文性解释,“安全与公共秩序”的解释标准只能通过欧盟法院的判例法确定。欧盟判例法在数十年的实践中逐渐发展出对“安全与公共秩序”进行严格解释的司法导向。

(一)欧盟成员国外资审查结果对投资者而言必须具备一定的可预见性

在2008年的“欧委会诉西班牙案”中,⑯欧盟法院在裁判理由中明确成员国外资审查的结果必须让投资者在投资时具有一定的可预见性。西班牙立法规定,外国企业收购国家重要的能源公司时,需要通知政府;西班牙法院有权在两个月内,撤销或修改投资者的投票权。欧盟法院认为,西班牙“修改投资者投票权”的法律规定不能充分实现其所宣称的“保护能源安全”的目标,因此不符合欧盟法律的规定。⑰ 该案中,欧盟法院认为西班牙政府在外商投资领域通过公权力剥夺投资者投票权的做法会使投资者难以预测投资西班牙本土产业的前景,因为依据该国投资审查相关法律法规,只要西班牙当地政府或监管部门认为外国企业对国家重要的能源公司进行收购的行为可能影响西班牙本国的“安全与公共秩序”,就可以直接行使公权力撤销或修改该投资者的投票权,将投资者直接拒于国门之外。欧盟法院认为这种“一刀切”

---

⑯ See Case C-247/06, Commission v. Spain(2008).

⑰ 参见冷帅:《欧盟外资监管和安全审查立法的评估与应对——基于〈建立外国直接投资监管框架条例〉的分析》,载《现代法学》2019年第6期。

的审查方式违背了比例原则，导致审查结果不具有可预见性。

(二) 对"安全与公共秩序"的认定应遵循严格解释原则和比例原则

然而在2002年的"欧委会诉比利时案"中，[18]欧盟法院就与"欧委会诉西班牙案"事实相似的案例作出了截然相反的判决结果。本案中，比利时政府以"安全与公共秩序"为由禁止了外国投资者对本国主要能源公司的收购行为。比利时相关法律规定，投资者对该国两家重要能源公司进行并购活动时，必须提前通知当地政府部门；如果政府部门审查后认为相关的并购活动将对本国能源安全产生潜在风险，则政府有权禁止该项交易活动。欧盟法院在审理中认为，比利时政府的做法并不违反《欧洲联盟运行条约》关于资本自由流动原则的规定，因为比利时政府在进行外资审查时具有明确的审查范围和清晰的审查程序，且比利时境内有且仅有两家全国范围的大型能源企业，放任外资对这两家能源企业进行并购等外商直接投资活动容易引发外国资本对本国核心产业的控制，导致比利时的"安全与公共秩序"遭到损害。故欧盟法院认为比利时政府的限制行为具有正当性，其目的是确保本国能源公司不被外国资本控制。[19]

以上两个案例表明，欧盟法院在对欧盟成员国的外资审查活动是否合法进行判决时，倾向于对"安全与公共秩序"这一审查标准进行严格解释，欧盟法院在2000年"阿尔菲雷多·阿尔伯雷案"中指出："除非遵守比例原则，否则安全或公共秩序标准不能用于减损资本自由流动原则这一欧盟法中的基本性条约规范。"[20]综上所述，欧委会通过《欧洲联盟运行条约》第63至第66条确定了资本自由流动原则在欧盟法中基本法律原则的地位，而欧盟法院的判例法也明确当成员国利用"安全与公共秩序"审查标准进行外资审查时，必须遵循比例原则和严格解释原则。《欧盟外资安全审查条例》作为《欧洲联盟

---

[18] Case C-247/06, Commission v. Belgium(2002).

[19] 参见叶斌：《〈欧盟外资安全审查条例〉与资本自由流动原则的不兼容性》，载《欧洲研究》2019年第5期。

[20] See Case C-423/98, Alfredo Albore, Judgment of 13 July 2000, p.19.

运行条约》的下位法,理应受到资本自由流动原则和欧盟判例法的约束,这些法律先例与上位法约束固然是对欧委会外资审查权力的一种制衡手段。但在新冠病毒疫情暴发后,欧委会出台了《欧盟外资安全审查条例实施指南》,扩充了《欧盟外资安全审查条例》的影响清单,表明制衡的天平正在发生倾斜,欧盟正在摒弃其具有宪法性地位的资本自由流动原则,倒向了有选择性的贸易保护主义。本文认为,即使欧委会利用立法工具不断扩张其外资审查的权限,也应遵守比例原则和严格解释原则,同时接受欧盟法院的司法审查,以兑现欧盟向全世界投资者作出的"维持其作为最开放的外国投资目的地"的承诺。

四、新形势下中资企业面对欧盟外资安全审查的策略

中欧关系对中欧双方来说都具有重要意义。《欧盟外资安全审查条例》出台后引发的欧洲贸易保护主义加剧的状况不利于中欧关系的良性发展。新冠病毒疫情的冲击加速了欧洲强化外资审查机制的立法进程,逐步削弱了资本自由流动原则在欧盟法律体系中的宪法性地位。可以预见的是,曾经高度开放,承诺成为全世界最开放的投资地区的欧盟在未来一段时间内将对中资企业趋于保守。中资企业如何在对欧投资中规避外资审查对投资行为的不利影响,在受到影响后是否具有寻求有效救济的可能性,这些问题事关中资企业在欧盟成员国进行相关交易活动的成败,中资企业需灵活应对。[21]

(一)善用东道国力量进行平衡博弈

如何在保持对外开放的同时避免外国直接投资活动引发国家安全风险是欧美国家政府近几年来面临的共同课题,能否正确处理好这一对矛盾事关一国经济的稳定和发展趋势。欧盟通过《欧盟外资安全审查条例》构建起了

---

[21] 《中华人民共和国外商投资法》(以下简称《外商投资法》)已由中华人民共和国第十三届全国人民代表大会第二次会议于2019年3月15日通过,自2020年1月1日起施行。

外资安全审查框架,通过软法机制在增强欧委会外资审查权的基础上尽量避免与欧盟判例法资本自由流动原则之间的冲突,这种机制无疑为其他国家和地区提供了一个很好的示范。正如前所述,《欧盟外资安全审查条例》是欧委会和欧盟成员国建立的"多边 + 双重"外资审查机制。虽然欧委会通过该条例在事实上扩大了外资审查权限,但由于上位法以及欧盟和成其成员国之间权力分配等制约因素的存在,欧委会只能将外资审查的最终决定权交还给东道国政府,并不是每笔外国投资都必须经过欧盟的审查。故中资企业在进行相关投资时应将重点放在满足东道国对外资审查的方式及要求上,以自己的专业化程度取得东道国政府的信任。中国投资者要充分把握东道国与我国、东道国与欧委会之间的微妙关系,运用东道国自身的力量进行平衡博弈,提高相关交易活动的成功率。

(二)遵循对等原则,完善我国外资安全审查机制

作为国际贸易与国际投资法的基础,对等原则被各个主权国家广泛用于其法律体系中,主要用于制定反制措施,即在对方国家不遵守国际法或主权国家法律时,主权国家往往可通过对等原则限制该国企业在本国进行的各类投资活动或直接对该等企业进行审查。[22] 由于我国《外商投资法》开始实施的时间不长,相关立法和司法实践经验还相对缺乏,尚未出现我国人民法院运用《外商投资法》第 40 条所规定的对等原则对外国来华直接投资企业进行外资审查的案例。与此同时,《外商投资法》条文过于原则性、概括性的特点也会给我国外资审查相关部门在进行具体审查工作时带来困难。为了应对目前国际交易环境中贸易保护主义抬头的趋势,我国立法机构及商务部、国家发展和改革委员会等部门应运用立法工具和政策工具进一步完善我国的外商投资安全审查制度,具体而言,可以借鉴《欧盟外资安全审查条例》中关于审查对象、审查范围、合作机制以及司法救济等方面的具体规定,结合我国对外投资领域实际情况,出台相应的《外商投资法实施指南》或相关司法解

[22] 参见张怀岭:《欧盟双轨制外资安全审查改革:理念、制度与挑战》,载《德国研究》2019 年第 2 期。

释,在满足对等原则要求的同时对欧盟形成具有威慑性的制度反制,更好地保护中资企业在对外投资中的合法权益。

(三)着力厘清政企关系,构建优质国内市场经济环境

《欧盟外资安全审查条例》构建的外资审查合作机制格外注重外国政府与外国投资者之间的控制关系,若进入欧盟成员国的外资企业是由第三国国家机构或包括武装力量在内的政府直接或间接控制(包括通过所有权结构或提供大量资金)的,则该企业进行的外资交易项目将受到欧委会和欧盟成员国的特别关注。[23] 中国和欧盟都是多边贸易体制的受益者、维护者,都主张维护以国际法为基础的国际秩序。我国政府应在此基础上进一步扩大外资市场准入,着力厘清政企关系,完善相关法律法规。

(四)中资企业在投资活动中应尊重东道国主权,促进成员国可持续发展

中国企业在进行投资活动时,应注重与欧盟及其成员国关系的可持续发展,尊重当地的文化与风土人情,重视相关产业知识产权保护,做到投资活动程序透明化和实体合法化。同时,应履行企业社会责任,依法缴纳税款,保护当地自然环境,促进文化融合与企业多元化发展,增进国际文化交流和友谊,不伤害当地居民的切身利益、传统和情感。

因此,中国外资安全审查应当坚持“引进来”和“走出去”相结合,体现中国既是资本输入国又是资本输出国,既是发展中国家又是经济大国,既是东道国又是投资者母国的多元身份,既要充实完善立法又要加强贯彻落实,切实维护国家根本安全利益。

---

[23] 《欧盟外资安全审查条例》第 4 条第 2 点。

《上外贸涉外法治论丛》(第1卷)
第139～151页

论国际投资仲裁视阈下仲裁员丧失独立性的法律责任

陶立峰[*]　廖　露[**]

一、现实状况:投资仲裁员独立性的法律责任缺失

仲裁员的独立性是仲裁公正的根本保障。[①] 仲裁的公正性是仲裁所追求的基本价值目标,也是仲裁作为一种民间性质的法律冲突救助机制赖以存在的基础和生命力所在。[②] 在争议解决制度中,务必要充分保障仲裁员的独立性和公正性。[③]

投资仲裁是一种特殊的国际仲裁形式,用以解决主权国家和私人投资者之间的投资争端。由于主权国家和私

---

* 上海对外经贸大学法学院教授。

** 上海对外经贸大学法学院2019级国际法学研究生。

① 参见刘京莲:《国际投资仲裁正当性危机之仲裁员独立性研究》,载《河北法学》2011年第9期。

② 参见汪祖兴:《试论仲裁的公正性与中国仲裁的监督机制》,载《现代法学》1998年第6期。

③ See UNCITRAL, *Report of Working Group Ⅲ* (*Investor-State Dispute Settlement Reform*) *on the work of its thirty-fifth session* (New York, 23－27. April 2018), p. 8.

人投资者之间地位的不平等,当国家主权活动和私人投资活动进行博弈并产生纷争时,身系裁决公正之关键的仲裁员将面临更大的压力和更多的诱惑,其在保持自身独立性上也将比商事仲裁员被寄予更高的期望和要求。国际投资仲裁近年来正遭遇正当性危机,仲裁员如何保持独立性和公正性,如何在相似案件的仲裁裁决之间保持一致性等问题已成为国际投资仲裁改革的重要问题。

在强调仲裁员独立性方面,《关于解决国家和他国国民之间投资争端公约》(以下简称《ICSID公约》)规定,仲裁员应当是"可以被信赖作出独立的判断"的。无论是缔约国指派到解决投资争端国际中心(International Centre for Settlement of Investment Disputes,ICSID)仲裁员名册中的仲裁员,还是争端当事方在名册之外指定的仲裁员,都应当满足独立性要求。如果当事方有充分的证据表明仲裁员缺乏包括独立性在内的相关资质时,可以向ICSID委员会或仲裁庭提议取消该仲裁员的资格或申请替换仲裁员。如仲裁庭已作出仲裁裁决,当事方还可以因仲裁员缺乏独立性,以"仲裁庭组成不当"为由,向ICSID申请撤销仲裁裁决。其中,对"仲裁庭组成不当"的理解,《ICSID仲裁规则》采取的是负面清单模式,不得将"以前在解决争端的任何程序中曾担任调解员或仲裁员"的人任命为仲裁庭成员。对于拟任仲裁员,《ICSID仲裁规则》也要求其签署声明,明确其过去和现在在专业、业务和其他关系上,倘若与当事方之间存在可能质疑其独立判断的情况,应承担向ICSID秘书长进行披露的义务。

同样适用于投资仲裁程序的《联合国贸易法委员会仲裁规则》(UNCITRAL Arbitration Rules,以下简称《UNCITRAL仲裁规则》)也要求,拟任仲裁员在整个仲裁程序中,应向各方当事人及其他仲裁员披露可能对其独立性产生有正当理由的怀疑的所有情况。如果存在相关情形,当事人可对该仲裁员提出异议,并对应回避的仲裁员进行替换。正在进行投资者与国家间争议解决机制改革的联合国国际贸易法委员会第三工作组的相关文件也强调,作为仲裁员资格的条件之一,仲裁员应具备的独立性通常是指仲裁员与仲裁当事人之间不存在任何生意、财务或人际往来。如果仲裁员与当事人或与该当事人有密切关联的人(如律师)之间的关系存在问题,将会影响仲裁员的独立性,进而可能造成仲裁裁决被当事人申请撤销。为此,仲裁机构多要求仲裁员任职后签署声明书,保证其独立性和公正性。

此外,晚近的双边投资协定也对投资仲裁仲裁员的独立性作出了规定,如《中华人民共和国政府与澳大利亚政府自由贸易协定》(自由贸易协定,Free Trade Agreement,以下简称 FTA)第九章附件一专门规定了投资者与国家间投资仲裁的仲裁员行为守则,包括要求仲裁员"应避免不当行为及不当行为的出现,应独立和公正,应避免直接和间接的利益冲突",不得允许以往或现有的财务、商业、职业、家庭或社会关系或义务影响其作为仲裁员的行为或判断。

通观以上规则不难发现,为确保仲裁员的独立性,现有国际投资仲裁机制构建了一套从仲裁员的任职条件到仲裁员的披露义务再到仲裁员回避制度直至仲裁裁决撤销的制度。但是,仲裁员如不具备独立性是否需要承担责任,相关规定尚属空白。

二、困境纾解:国际投资仲裁仲裁员独立性法律责任规则设置的正当性证成

(一)设置法律责任以保障国际投资仲裁仲裁员独立性的必要性

仲裁的生命力在于公正,④而仲裁的公正很大程度上取决于仲裁员的独立性。尽管现行对仲裁员独立性的保障措施在仲裁实践中起到了一定作用,但是由于信息不对称等原因,在国际投资仲裁实践中,仲裁员独立性依然难以得到保障。若仲裁员违反独立性规定时无须承担任何责任,难保仲裁员不

---

④ 参见赵维加:《商事仲裁员刑事责任研究》,载《上海财经大学学报》2010 年第 3 期。

会存在侥幸心理,突破独立性底线的要求。

其一,单边委任仲裁员使仲裁员保持独立性难以完全实现。脱胎于商事仲裁的国际投资仲裁的优势在于,赋予争议双方当事人选择解决争议的裁断者、地点、程序规则等方面的自由。相对于诉讼中争议裁决者是由国家司法机关直接指定,仲裁的争议裁决者是由当事方自己选任。在此情形下,一方面,当事人往往会通过信息收集,分析某一仲裁员的学术观点和实务裁判倾向,进而选择与自身立场相契合的仲裁员以期获得有利己方的裁决;⑤另一方面,被选任的仲裁员可能有其类似于当事人的代理人的心理倾向,作出偏向于指定自己为仲裁员的这方当事人的裁决。在当前仲裁服务市场化的情境下,甚至有部分仲裁员通过作出偏向一方当事人的裁决。以期获得下一次仲裁员选任机会。在奥匹克卡里姆公司诉委内瑞拉案中,当事方提请取消菲利普·桑兹(Philippe Sands)教授的仲裁员资格。仲裁庭指出,"如果一方当事人或其代理人多次指定某一仲裁员,则必须仔细考虑是否应该要求该仲裁员回避"⑥。这也进一步佐证了单边委任仲裁员可能因反复指定进而影响仲裁员的独立性。

其二,"旋转门"潜藏的利益冲突使得仲裁员披露义务难以充分履行。"任何人不得审判自己的案件",仲裁员保持独立、与案件没有利益冲突,是保证裁决公正的基本要求。但不能忽视现实中国际投资仲裁界的"旋转门"现象。实践中有许多国际投资仲裁员同时在其他案件中担任当事方的律师,⑦譬如在A公司的案件中担任仲裁员,可能又约定好将来在A公司担任法律顾问。ICSID仲裁中存在的仲裁员兼任律师或代理人的做法构成了身份冲

⑤ 参见杜焕芳、李贤森:《仲裁员选任困境与解决路径——仲裁员与当事人法律关系的视角》,载《武大国际法评论》2020年第2期。

⑥ See Opic Karimum Corporation v. Venezuela, ICSID Case No. ARB/10/14, Decision on the Proposal to Disqualify Professor Philippe Sands.

⑦ 参见陈磊:《风险、激励与监管:ISDS仲裁员的身份冲突及其化解》,载《国际商务研究》2017年第2期。

突,[8]身份冲突之后潜藏的是利益冲突。同时担任仲裁员和律师,仲裁员在利益驱动下难免会心存侥幸选择拒绝披露相关信息,最坏的结果仅仅是丧失此次案件的仲裁员资格或撤销该案裁决,对仲裁员而言并无实质性的惩罚制裁措施。反之,拒绝披露利益冲突信息获得仲裁员身份,则可享受丰厚的仲裁员报酬。在趋利性面前,仲裁员披露义务难以充分实现。若缺乏法律责任,仲裁员的独立性将难以保障。

其三,较高的回避门槛使得回避制度监督仲裁员保持独立性的效用难以充分发挥。为保障仲裁员独立性,《ICSID 公约》除设置仲裁员披露义务从仲裁员选任前进行监督,还设置了仲裁员回避制度在仲裁员选任后进行监督,如《ICSID 公约》第 57 条规定"一方可以根据明显缺乏第十四条第一款规定的品质的任何事实向委员会或法庭建议取消其任何成员的资格"。因此,申请仲裁员回避需要具有"事实"且应当达到"明显"的程度。根据 ICSID 公布的数据,从 1982 年驳回阿姆科亚洲公司诉印度尼西亚案(Amco v. Indonesia)中的仲裁员回避申请到 2020 年驳回魔幻太阳能赫雷兹公司诉西班牙案中的仲裁员回避申请,90 个仲裁员回避申请的决定中支持回避的仅有 5 例。[9] 可见,申请回避的要求较严苛,申请仲裁员回避的成功率并不高,更遑论基于独立性申请仲裁员回避的案件。这将助长仲裁员的冒险心理,即使其丧失独立性也很有可能不会被要求回避。

其四,撤销仲裁裁决不能直接规范仲裁员的行为进而监督其保持独立性。因仲裁员不具备独立性导致仲裁裁决被撤销,直接受到影响的是双方当事人,而非仲裁员。在某些特殊情况下,仲裁员虽然丧失了独立性,但当事方并不启动回避或撤销裁决程序,仲裁员违反独立性的行为对案件就不会造成影响。如在假日酒店诉摩洛哥(Holiday Inns S. A. and others v. Morocco)案中,案件登记受理四年后,申请方选任的仲裁员成为申请人的外部董事,显

---

⑧ 参见于湛旻:《论国际投资仲裁中仲裁员的身份冲突及克服》,载《河北法学》2014 年第 7 期。

⑨ 载 https://icsid-archive.worldbank.org/en/Pages/Process/Decisions-on-Disqualification.aspx。

然,该名仲裁员已经丧失了独立性。最终该案因双方当事人达成和解,由双方当事人联名请求撤回。[10]

综上,在国际投资仲裁制度中,当仲裁员违反独立性要求可能影响公正裁决时,仅仅依赖现有的仲裁员任职资格、仲裁员披露义务、仲裁员回避以及仲裁裁决撤销等制度不足以保障仲裁员独立性,有必要通过设置法律责任强化仲裁员保持独立性的义务。[11] 就仲裁员独立性设置相应的法律责任,通过对违反独立性要求的行为采取惩罚制裁措施,才是更好地保障仲裁员独立性的有效手段,也是促使仲裁员保持独立性的一道防线。

(二)设置法律责任以保障国际投资仲裁仲裁员独立性的可行性

仲裁员对其仲裁案件的行为是否需要承担法律责任,是仲裁理论界和实务界存有争议的问题。目前,主要有基于准司法行为说的仲裁员责任绝对豁免论、基于契约行为说的仲裁员责任理论以及基于对仲裁的契约和司法双重性考虑的仲裁员责任有限豁免论的不同观点。

基于准司法行为说强调仲裁责任绝对豁免论的主要是英美法系的国家,这些国家普遍认为仲裁员行使着类似法官的职能,其行为被称为准司法行为,因此原则上仲裁员享有与法官相同的司法豁免权。如仲裁庭在胡萨克隧道码头电梯公司诉奥布莱恩一案中指出:“仲裁员是准司法官……与法官和陪审员一样,有正当理由保证仲裁员的公正、独立和不受不正当影响……司法豁免权应及于仲裁员。”[12]无疑,赋予仲裁员责任豁免很大程度上可以使仲裁员在裁决案件过程中免受司法系统的干扰和当事人的影响。但正如硬币有两面,这一理论可能导致仲裁员滥用仲裁权,实施不法行为,作出不公正裁决,给当事人带来损失,造成仲裁公信力下降。

---

[10] 参见曲秋实:《ICSID仲裁员独立性问题初探》,载胡学军主编:《南昌大学法律评论》第2辑,厦门大学出版社2019年版。

[11] 参见刘晓红:《确定仲裁员责任制度的法理思考——兼评述中国仲裁员责任制度》,载《华东政法大学学报》2007年第5期。

[12] David J. Branseon, Richard E. Wallance. JR, *Immunity of Arbitrators in American Law*; Julian. D. M. Lew, *Immunity of Arbitration*, London Lord Publishing Co., Preis 1990, p. 87.

基于契约行为说强调仲裁员责任理论的主要是大陆法系国家,这些国家将仲裁的性质认定为契约行为,认为仲裁员与当事人之间存在合同关系,因此当事人在未履行职能或履行职能不当时便应当基于契约承担相应的法律责任。如瑞典明确了仲裁员拒绝履行职责或者有其他玩忽职守的行为、不遵循仲裁程序规则、在仲裁活动中因为故意犯罪而给当事人造成损失、无正当理由辞职而给当事人造成损失等情形需要承担法律责任。[13] 奥地利、秘鲁和法国等国家也对仲裁员承担责任作了相应的立法规定。契约行为理论通过法律责任的约束大大减少了仲裁员滥用权力的情况,能更好地规范仲裁员的行为,使仲裁程序更加公平且结果更加公正。

不过,由于仲裁包括合同因素与司法因素,[14]承认仲裁契约性的同时不能忽视仲裁的准司法性。基于对仲裁契约和司法双重性的考虑产生的仲裁员责任有限豁免论,在吸收仲裁员责任绝对豁免论保障仲裁员裁决案件时免受司法系统和当事人不当干扰这一优点的同时,又保留了仲裁员责任论通过违法不利后果约束仲裁员行为的优势,能较好地平衡两种观点的优劣。主张仲裁员责任绝对豁免论的英美法系国家正在逐渐转向仲裁员责任有限豁免论,如《英国仲裁法》规定,尽管仲裁员享有豁免权,但若存在出于“恶意”的行为,则仍将承担法律责任。

在国际范围内,当前大多数国家的仲裁立法针对仲裁员和仲裁机构多采取民事责任有限豁免,即仲裁员和仲裁机构在仲裁过程中的过失行为或不作为可以得到豁免,除非存在恶意或重大过失。[15] 由于现有保障仲裁员独立性以维护投资仲裁裁决公正的措施已无法满足实际的需要,应创设投资仲裁的仲裁员独立性责任条款且对仲裁员责任作出限制。

---

[13] 参见黄志勇:《试论仲裁员的民事赔偿责任》,载《求索》2004 年第 12 期。

[14] 参见[英]施米托夫:《国际贸易法文选》,赵秀文选译,中国大百科全书出版社 1993 年版,第 598 页。

[15] See Susan D. Franck, *The Liability of International Arbitrators: A Comparative Analysis and Proposal for Qualified Immunity*, New York Law School Journal of International and Comparative Law, Vol. 20, lssus 1, p. 1 – 59(2000).

三、完善路径:设置保障投资争端仲裁员独立性的法律责任机制

为进一步保障投资争端解决机制中的仲裁员独立性,应设置具有“牙齿”作用的仲裁员法律责任机制,对故意未披露相关信息导致缺失独立性的仲裁员予以追责。综观各国立法和实践,要求仲裁员承担民事责任的依据可以是合同或侵权行为。由于基于侵权行为追究仲裁员责任及其豁免取决于国际仲裁适用的准据法是否有相应法律规定,存在不确定性。[16] 相对而言,采取合同为依据的方式能够顾及个案中仲裁参与方对仲裁员独立性的特殊要求,能满足对仲裁员追责的可预测性。为此,争议当事方可与仲裁员签订仲裁服务合同以确定对仲裁员追责的法律依据,在仲裁服务合同中约定具体的违反独立性的责任。

(一)三方签订仲裁服务合同建立追责依据

仲裁员单边委任机制下,当事人与其指定的仲裁员之间存在合同关系。然而正如穆斯蒂尔(Mustill)和博伊德(Boyd)所认为的那样,在不引入其他法律工具的前提下,无法解释一方当事人与对方指定的仲裁员之间存在合同关系。[17] 对此,可以通过订立仲裁服务合同,约束仲裁员的行为。双方当事人可在仲裁庭组成之后与仲裁员(们)签订三方的仲裁服务合同,并将当事人与仲裁员约定的仲裁员可能缺失独立性的情形以附件形式纳入合同范围。作为双方当事人支付仲裁员报酬的合理对价,仲裁员有义务按照附件的约定规范自身职务行为,保持独立性和公正性。当任一仲裁员故意违反独立性要求时,双方当事人可根据三方签订的仲裁服务合同追究仲裁员的法律责任。

---

⑯ See Agata Cevc, *Civil Liability of Arbitrators*, EU and Comparative Law Issues and Challenges Series 3, p. 405 – 421(2019).

⑰ 参见范铭超:《仲裁员与仲裁当事人法律关系模型的困境及其解决》,载《北方法学》2014年第6期。

(二)仲裁员违反独立性的责任条款的构建

法律规则在逻辑上由假定条件、行为模式以及法律后果三部分组成,责任条款作为法律规则的一种也不例外。

1.假定条件:明晰仲裁员独立性的含义

假定条件是法律规则中有关适用该规则的条件和情况部分,一般包括法律规则适用的时间、地域以及主体资格。⑱ 仲裁员独立性责任条款的假定条件是仲裁员违反独立性的要求。总结现有仲裁规则及联合国国际贸易法委员会第三工作组相关改革报告,仲裁员独立性从内涵上应被界定为,为保证裁决的公正,仲裁员在不受外界干扰且不抱有偏见的情况下作出裁决的职责;外延上,这种独立性体现为仲裁员与一方当事人或者律师或者与该当事人有密切关联的人之间不存在经济往来(如商业交易和投资)、感情纽带的维系(如友情与家庭)或者与特定身份相关联(如国籍或职业与社会地位)。⑲ 如果仲裁员对于自身保持独立性与公正性的能力存在怀疑,或者存在上述任何一种事实,那么仲裁员就应当拒绝该项任命。⑳ 仲裁员比当事人更加专业,在相关信息的获取上处于优势地位,仲裁员往往知晓其是否存在前述特殊关系,所以仲裁员未主动披露某项可能导致其独立性缺失的特殊关系时,可以推定为其故意为之。

2.行为模式:细化独立性之标准

仲裁员在仲裁程序中的独立性决定着投资者与国家间投资仲裁机制的有效性,㉑可见在投资仲裁中仲裁员的权力之大、地位之重。然而,缺乏有效监督的权力可能被滥用。缺少独立性的客观标准会导致仲裁员披露范围边界不清,容易造成仲裁员过度披露或披露不足,或者当事人申请回避任意性

---

⑱ 参见雷磊:《法律规则的逻辑结构》,载《法学研究》2013年第1期。

⑲ 参见曲秋实:《ICSID仲裁员独立性问题初探》,载胡学军主编:《南昌大学法律评论》第2辑,厦门大学出版社2019年版。

⑳ See William W. Park, *Rectitude in International Arbitration*, Arbitration International, Kluwer Law International, Vol. 27: 3, p. 473 - 526(2011).

㉑ 参见丁夏:《谁之公正与何种独立——ICSID仲裁员公正性标准研判》,载《国际经济法学刊》第20卷第3期,北京大学出版社2014年版。

过强。这些均有可能打击仲裁员参与裁断案件的热情,使仲裁程序拖沓冗长,不利于国际仲裁事业的发展。

目前,大多仲裁机构均未细化仲裁员独立性的客观标准,如《ICSID 公约》仅要求仲裁员具备"独立的判断力",《UNCITRAL 仲裁规则》只规定不能有"对其公正性和独立性产生有正当理由怀疑的任何情况",《伦敦国际仲裁院仲裁规则》要求仲裁员"独立于当事人",我国《北京仲裁委员会仲裁规则》要求仲裁员"应当签署保证独立、公正仲裁的声明书"等。从 ICSID 仲裁实践看,关于仲裁员独立性存在两种截然不同的标准,即"合理怀疑独立性标准"与"明显缺乏独立性标准"。[22] 比较而言,根据"合理怀疑独立性标准",回避申请人的举证责任较低,一般只要求证明客观事实能够对仲裁员独立性产生合理怀疑。而"明显缺乏独立性标准"则强调受争议的仲裁员丧失独立性是明显的、可能性极高的,所作出的裁决是不被信赖的。为增强判断仲裁员独立性的可预见性,有必要通过规定法律规则的行为模式的方式去解决这一问题。

仲裁员独立性标准涉及仲裁员行为模式的规范,即法律规则中规定哪些具体行为和活动方式。国际律师协会 2014 年发布的《国际仲裁利益冲突指引》(IBA Guidelines on Conflicts of Interest in International Arbitration)采取列举清单的方式认定"会导致仲裁员公正性或独立性生疑的特定情况",可资借鉴。

《国际仲裁利益冲突指引》按照程度不同,将影响仲裁员独立性的情形分为绿色清单、橙色清单和红色清单。绿色清单是可为模式,仲裁员可以从事且无须披露绿色清单所列情形,如仲裁员持有一方当事人公开上市的数量不多的股份,或仲裁员与一方当事人的法律顾问在同一学院任教等。橙色清单列出的是仲裁员在一定期限内(如过去 3 年内)或者目前与当事人存在密切

---

[22] See Georgios Dimitropoulos, *Constructing the Independence of International Investment Arbitrators: Past, Present and Future*, Northwestern Journal of International Law & Business, Vol. 36, p. 383 – 385(2016).

关系的情形,譬如担任当事人法律顾问或者被当事人指定为仲裁员的次数超过两次等,仲裁员须对这些情形进行披露。相比绿色和橙色清单,红色清单所列的仲裁员丧失独立性的程度更复杂严重些。红色清单由不可弃权和可弃权两份清单组成。根据“任何人不得为自己的法官”这一自然正义原则,一旦仲裁员是当事人的雇员或案件结果对其有重大经济利益,其不仅必须披露该情形而且会因丧失独立性而不具有裁断案件的资格。这类情形被规定在不可弃权红色清单内。如果争议结果对与仲裁员有紧密联系的家庭成员具有重大经济利益时,经仲裁员披露但当事人表示仍然接受仲裁员裁断该争议等情形,则列入可弃权红色清单中。在这类情况下,为防止当事人采取机会主义策略,其不应再申请仲裁员回避。相比仲裁员应具备较为抽象的“不引起正当怀疑的”独立性,《国际仲裁利益冲突指引》对仲裁员独立性所作的列举式的标准,细化了仲裁员与当事人之间从经济往来到身份纽带等方面的特殊关系,有助于引导仲裁员为保持独立性恪尽披露义务,防止利益冲突并及时回避。但是,从 ICSID 投资仲裁实践看,囿于《国际仲裁利益冲突指引》本身并不具有法律约束力的软法性质,ICSID 仲裁庭往往仅将其作为辅助性资料而不直接适用。㉓ 为此,可以将《国际仲裁利益冲突指引》全部或部分纳入当事人与仲裁员之间的服务合同,以明确仲裁员独立性的具体标准。

3. 法律后果:确定民事赔偿范围

明确假定条件和行为模式后,重要的是确定法律后果。尽管早期在国际仲裁领域尤其是英美法系国家倡导仲裁员责任豁免论,但有权力的地方就有滥用,仲裁界不是世外桃源,没有天然的免疫力,㉔对仲裁员责任完全豁免并不符合现实。相对而言,仲裁员责任有限豁免论更能体现仲裁的内在价值。在指定仲裁员后,当事人与仲裁员通过签订仲裁服务合同,明确仲裁员违反独立性的法律责任具有法理基础。

㉓ See Alpha Project Holding GmbH v. Ukraine, ICSID Case No. ARB/07/16, Decision on Proposal for Disqualification of an Arbitrator.

㉔ 参见萧凯:《从富士施乐仲裁案看仲裁员的操守与责任》,载《法学》2006 年第 10 期。

当然,在考虑仲裁员的赔偿范围时,由于仲裁员与当事人之间是基于一方提供专业仲裁服务另一方给予报酬而成立的契约关系,相较于当事人可能遭受的损失,仲裁员所获得的报酬非常有限。如若要求仲裁员民事赔偿的范围与当事人遭受损失的范围相当,显失公平。㉕ 对仲裁员施加必要的民事责任,主要目的和作用还是在于对仲裁员给予适当的约束和警示,因此,不宜超出仲裁员可预见的范围或契约关系中对价的合理范围和尺度。㉖ 可以将仲裁员违反独立性需承担的民事赔偿范围确定为仲裁员收取的报酬的范围。这既能通过经济赔偿手段有效约束仲裁员的行为进而保障仲裁的公信力,又能在因仲裁员违反独立性的要求引起程序中断时,通过请求仲裁员赔偿一定程度上减少当事人的争议解决成本。

综上,可在三方投资仲裁服务合同中可设计如下仲裁员独立性法律责任条款:

仲裁员应保持独立性,在不受外界干扰且不抱有偏见的情况下作出公正裁决。

仲裁员应按照国际律师协会《国际仲裁利益冲突指引》的规定,不得存在不可弃权红色清单中的情形,否则将被视为不具有独立性。仲裁员如存在可弃权红色清单或橙色清单中的情形,应及时向当事人和仲裁机构进行披露。如当事人接受由该仲裁员继续裁断争议,或仲裁机构认为无须回避,则其可继续担任仲裁员。

违反本条前款规定,仲裁员应在双方当事人支付给该仲裁员的报酬的范围内承担民事赔偿责任。

值得注意的是,由于《ICSID 公约》第21条明确,除非 ICSID 放弃豁免,ICSID 仲裁员对其在执行职务时所作的行为,享有豁免法律诉讼的权利。这将使前述当事人与仲裁员之间签订的投资仲裁服务合同中对仲裁员独立性

㉕ 参见李继霞:《关于仲裁员法律责任制度的若干问题》,载《山东社会科学》2009年第6期。

㉖ 参见韩平:《论仲裁员的民事责任》,载《武汉大学学报(哲学社会科学版)》2011年第3期。

追责条款的约定,与《ICSID 公约》有关仲裁员履职行为豁免的相关规定产生冲突。由于 ICSID 仲裁下的仲裁员独立性法律责任受限于《ICSID 公约》,倘若 ICSID 仲裁下仲裁员在仲裁服务合同中同意纳入前述追责条款,一旦其违反独立性义务但拒绝向当事人承担民事赔偿责任,可能将难以通过诉讼手段强制仲裁员承担赔偿责任。为此,对投资仲裁中仲裁员独立性缺失的追责,更多适用于非 ICSID 仲裁。

四、结语

仲裁员的独立性不仅属于仲裁员的职业道德范畴,还是整个仲裁制度的基石之一。国际投资仲裁仲裁员的独立性更是关系到东道国公共利益和投资者财产利益的平衡。因此,确保解决投资争端的仲裁员的独立性对投资争端案件的处理以及国际投资法的发展都具有重要意义。

面对仲裁员在仲裁实践中,因种种原因主动或被动地违反独立性原则,损害一方当事人的利益的情况,为维护仲裁的公信力,从根本上防止仲裁员的不当行为,建立仲裁员的独立性法律责任机制不失为一种有益尝试。通过将仲裁员行为守则纳入合同条款,可实现软法硬法化,建立当事人对仲裁员追责的依据。同时,构建违反独立性责任规则,从假定条件角度明晰独立性含义、行为模式角度细化独立性标准、法律后果角度确定民事赔偿范围,以更好地监督解决投资争端的仲裁员保持独立性,保证国际投资仲裁的公信力,维护国际投资仲裁在解决投资者与东道国争议案件中的地位。

《上外贸涉外法治论丛》(第1卷)
第152~165页

对国际投资仲裁中“不洁之手”原则的理论批判

张　昊*

一、“不洁之手”原则简介

(一)概念与历史沿革

根据《布莱克法律英语词典》的解释,“不洁之手”原则意指如果当事方存在欺诈行为或其行为的动机不纯,则其衡平救济会被拒绝。该原则多被用于处理诉讼中原告存在的前述不正当行为,但如果拒绝救济会造成对公共道德的冲击,或者导致财产落入无法提出合法主张的一方之手,或者需要其他诉讼才能解决争端,则该原则不得适用。①

* 上海对外经贸大学国际法硕士研究生。

① See Henry Campbell Black, *Black Law Dictionary* (*Revised Fourth Edition*), St. Paul, Minnesota. West Publishing Company,1968, p. 317.

前述《布莱克法律英语词典》实际上仍使用格言(maxim)而非原则(doctrine)为"不洁之手"作解。"不洁之手"原则源于衡平法格言——寻求衡平法救济之人需自己的双手干净。② 为了克服普通法案件受理范围和救济方式的限制,当事人为保护自己的权益,根据古老的习惯,可以向国王提出请愿。衡平法就是在请愿过程中逐步发展而来的。③ 起初,衡平法并无固定的规则,而只是以衡平法院法官的良心、对错观念作为裁判基础。后来随着衡平法的发展,类似于衡平法规则的衡平法格言逐步产生。而且格言往往采用了拉丁语的形式,使之看起来好像是好几个世纪以来形成的智慧结晶,通过宣称这一系列的"古老的"和"德高望重的"格言,足以减轻人们对它的怀疑,从而维持衡平法的管辖权并为司法实践提供指导。④ "不洁之手"原则的格言就是在这些衡平法实践中逐步发展出来。

英国律师弗朗西斯(Francis)在他的著作《衡平法格言》一书中首次提出了"不洁之手"原则这一概念。⑤ 波默罗伊(Pomeroy)在《衡平司法》一书中对这个格言做了解释:一方当事人试图启动司法程序并获得某种赔偿,如果他的在先前行为违背了良心、诚信或其他衡平法上的原则,那么法院之门在最初就对他关闭了。⑥ 英国法院于 18 世纪晚期,在德林诉温切尔西伯爵案(Dering v. Earl of Winchelsea)中首次采用该原则做出判决。

而在国际法上,赫德森(Hudson)法官首次在荷兰诉比利时默兹河水域划界案中援引此原则。⑦ 案件中,比利时主张由于荷兰的工程建设违反两国之

---

② 参见沈宗灵:《比较法研究》,北京大学出版社 1998 年版,第 241 ~ 242 页。

③ 参见彭勃:《英美法概论》,北京大学出版社 2011 年版,第 82 页。

④ 参见胡桥:《衡平法的道路——以英美法律思想演变为线索》,华东政法大学 2009 年博士学位论文,第 172 页。

⑤ See Richard Francis, *Maxims of Equity*, Richmond: Sheppard and Pollard, Printers, 1st American. ed., 1823 (second maxim).

⑥ See Pomeroy, *Equity Jurisprudence* 3ed., 1905, p. 657. 转引自[美]罗斯科·庞德:《法理学》第 4 卷,王保民、王玉译,法律出版社 2007 年版,第 137 页。

⑦ See Bin Cheng, *General Principles of Law as Applied by International Courts and Tribunals*, Cambridge University Press, 1994, p. 155; Ian Brownlie, *Principles of Public International Law*, Oxford University Press, 2008, p. 503.

间的条约,因此不应该将争议提交法庭。法庭亦认为很难承认荷兰因其自身的行为能够产生诉讼的权利。赫德森法官同意这个结论,不过在阐述自己的意见时,援引了“寻求公平救济者,双手须干净”这一衡平法格言,并认为一个公平的法庭不应该为原告的不当行为提供救济。⑧ 在尼加拉瓜军事与准军事行动案中,斯威伯(Schwebel)法官在其异议意见中明确指出,尼加拉瓜“带着不干净的手来到法院”,加上意图用虚假证词误导法庭对于事实的认定,尼加拉瓜的诉请应被驳回。⑨

(二)主张该原则存在于国际投资仲裁中的理由

大部分支持“不洁之手”原则存在于国际投资仲裁中的理由无非两条:相关格言的援引和相关案例的存在。⑩

1.相关格言的援引

“诉请不得存在瑕疵”这一格言在拉丁文中写作 *Ex delicto non oritur actio*,亦被翻译为“请求权不能被违法行为玷污”,⑪即原告方的请求权不存在瑕疵,必须禁止有违法行为的权利人,通过诉讼获得救济。

“不正直的人无权诉讼”这一格言在拉丁文中写作 *Nemo auditur propriam turpitudinem allegans*。比如,在英赛萨诉萨尔瓦多案(*Inceysa Vallisoletana S. L. v. Salvador*)中,投资人在竞标过程中存在欺诈行为,仲裁庭认为争端因投资者的违法投资行为而起,且管辖该争端违反了“不正直的人无权诉讼”的原则,因此仲裁庭拒绝管辖。⑫

---

⑧ See Case Concerning the Diversion of Water from the River Meuse, Separate Opinion of Judge Hudson, at 25 and 77.

⑨ Military and Paramilitary Activities in and against Nicaragua (Nicaragua v. United States of America), ICJ, Dissenting opinions of Judge Schwebel, para. 268 – 272(1986).

⑩ Ibid.

⑪ Gustav FW Hamester GmbH& Co KG v Ghana, ICSID Case No ARB/07/24, Award, para. 127(2010).

⑫ Inceysa Vallisoletana. S. L. v. Republic of El Salvador, ICSID Case No. ARB/03/26, Award, para. 244(2006).

2. 相关案例的存在

在国际投资仲裁中，存在大量的投资者存在违法行为且仲裁庭认定其对争端不具备管辖权的案例。部分学者从行为模式和法律后果的关系的角度，认为这是适用“不洁之手”原则的结果。⑬ 这些案例会在后文展开详述。

但如果仔细考量这些理由，就会发现其中的问题。格言并不必然是国际法的渊源，应当以判断国际法渊源的标准，来判断格言是否构成国际法渊源。上述论证试图通过对案例进行归纳，以证明某种法律规则的存在，从而在方法论上有天然缺陷：无法说明反例的存在。国际投资仲裁案件中仍然有大量的投资者明明存在违法行为的案件，可仲裁庭却认定了其对争端有管辖权。

二、对前述理由的批判

（一）格言并非法律渊源

法律格言是法学家从大量的案件事实、审判经验和社会活动的发展中总结出的得到普遍遵守的规则。格言发展伊始，其受众并非法官而是法学家，格言是为了法学教学和法学生的学习而设计的。格言仅是法学的标志，⑭其与法律解释应当是平行关系而非借鉴关系。⑮ 不能因为相关的案例中援引了以拉丁语为表现形式的法律格言，就认定以该格言为载体的规范内容本身源远流长，且已经发展成为法律渊源。一些格言本身就是拉丁语形式，一些则是从其他语言翻译成拉丁文的，因此它们看起来就有了古老格言的印记，好像是几个世纪以来形成的智慧结晶一样。

---

⑬ Lodovico Amianto, *The Role of "Unclean Hands" Defences in International Investment Law*, McGill Journal of Dispute Resolution Vol. 6(1), p. 1 – 37(2019 – 2020).

⑭ See Henry L. Mcclintock, *Handbook of the Principles of Equity*, second edition, St. Paul, Minn. West Publishing Co., 1948, p. 52.

⑮ 参见［美］罗斯科·庞德：《法理学》第3卷，廖德宇译，法律出版社2007年版，第396～397页。

但这些结晶在同为英美法系的英国和美国有着截然不同的命运。在英国,19世纪早期时通过埃尔登勋爵的工作,衡平法原则被建立起来,从此格言便较少使用。因为经过整理以后,原则已经很好理解而且不必求助于谚语式的表述就能确定,衡平法格言便被衡平法原则取代了。但是美国由于其特殊的历史因素,在法律形成的初期,由于案例和汇编的缺乏,需要一些普遍的规则来指导大法官和衡平法官,创造性的活动和总结性的活动必须齐头并进。因此对格言的适用就这样被延续了下来,一直到19世纪末期仍然闪烁着光辉。⑯ 所以今天美国的法学院教师不需要在判例中为这些格言找寻其作为法律渊源的依据,它们业已变成具有道德感召力的指导精神,而非直接适用的法律渊源。⑰ 法学院不再教授相关课程,美国各州的法律资格考试也不再考察相关的内容,结果就是关于"不洁之手"原则本身,今天再难从美国找出权威专家对其解释。⑱ 从格言在英国和美国这两个同属一个法系的两个国家中的截然相反的命运,不难看出,法律格言的存在并不能作为某项国际法规则,即"普遍为文明国家接受的一般法律原则"的证据。随着法律和法学的逐步成熟,有些格言渐渐地发展为法律原则,但有些格言因从一开始就是纯理论性的且内容模糊不清,不具备高度的普遍性,这样的格言就无法实现向法律原则的转化。⑲

所以在国际投资仲裁中,对格言的援引,并不能被视作把格言作为裁决的依据(即国际法渊源),而仅仅应当把格言视作对国际法渊源进行证明的一种辅助性的资料。从这个角度看,则不难理解援引了"不洁之手"原则的案件,都会将前述的拉丁语格言放在裁决书理由最后的部分,明显是在为裁判

---

⑯ 参见胡桥:《衡平法的道路——以英美法律思想演变为线索》,华东政法大学2009年博士学位论文,第172页。

⑰ 参见[美]罗斯科·庞德:《法理学》第3卷,廖德宇译,法律出版社2007年版,第431~432页。

⑱ See T. Leigh Anenson, *Announcing the "Clean Hands" Doctrine*, UC Davis Law Review, Vol. 51, p. 1827, 1831(2017).

⑲ 参见[美]罗斯科·庞德:《法理学》第3卷,廖德宇译,法律出版社2007年版,第398~399页。

理由找寻了其他的、充分的、有拘束力的国际法渊源之后对裁决进行的补充说明。若单独以法律格言作为裁判依据,裁判结果难以服众,所以不能以此认定这些法律格言本身所具有的法律拘束力,并以此作为"不洁之手"原则已经发展成为法律渊源的证据。

(二)仲裁庭的真实逻辑

国际投资仲裁中仲裁庭在判断管辖权问题时,一般会从以下四个角度进行分析:属人、属事、属时和意思自治。在分析投资者行为违法性时,主要分析违法行为是否阻碍适格投资的成立,对于因非适格投资产生的争端,仲裁庭不具备管辖权。

1.因果关系的判断

因果关系是判断违法行为是否阻碍适格投资时所必须首先判断的问题。如果投资者的违法性与争端的仲裁标的没有因果关系,则此种违法性不能阻碍适格投资的成立,也就不能否定仲裁庭对于争端的管辖权。

比如在库珀梅萨矿业公司诉厄瓜多尔案(Copper Mesa v. Ecuador)中,加拿大企业库珀梅萨矿业公司,通过合法途径取得了东道国厄瓜多尔给予的优惠政策,但是随后东道国为了国有化关键资源行业,在一整套宏观调控计划中,将该优惠政策取消。投资者不服,认为此种取消优惠政策的行为构成了对加厄两国间双边投资协定的违反,因此提出了仲裁申请。东道国在仲裁程序中指出,投资者存在虐待工人等严重侵犯人权的行为,使其降低了用工成本获得了更高的投资收益,因为"不正直的人无权诉讼"法律格言,主张仲裁庭对争端没有管辖权。而本案仲裁庭则认为,投资人侵犯人权的行为不阻碍该投资构成加厄两国间双边投资协定项下的适格投资,因此仲裁庭对争端拥有管辖权。[20]

2.合法性要求条款的考察

在判断清楚因果关系的基础上,应进一步考察争端涉及的投资协定中是

---

[20] Copper Mesa Mining Corporation v. Republic of Ecuador, PCA No. 2012 - 2, Award, para. 5.66(2016).

否存在合法性要求条款。如果争端涉及的投资协定中,对于投资的定义条款中,或者其他条款中要求投资者必须遵守东道国的法律,则投资者违反东道国法律的行为,会使该投资无法构成适格投资,对于因非适格投资引起的争端,仲裁庭不具备管辖权。反之,若合法性要求条款缺失,则即便投资者违反了东道国法律,也不阻碍适格投资的成立。

比如在英赛萨诉萨尔瓦多案中,西班牙—萨尔瓦多双边投资保护协定第11条规定,条约同意仲裁范围为协议管辖下的投资者与东道国之间的投资争端。仲裁庭认为,有必要先弄清楚双边投资保护协定中"投资"的定义。而双边投资保护协定第1条中,对投资的定义为"合法投资",且在西班牙与萨尔瓦多起草双边投资保护协定的相关文件中,表达出了将"合法"纳入双边投资保护协定中规定的投资定义的意思。[21] 在论证完投资者的欺诈竞标行为"违法"后,仲裁庭认定因欺诈竞标而获得的投资,不在双边投资保护协定争端解决条款中"投资"一词所包含的范围内,不属于条约的保护范围,该投资所引起之争端也不属于条约规定的"投资争端",所以申请人无法依据双边投资保护协定向仲裁庭提出仲裁申请,仲裁庭对争端没有管辖权。[22]

而在普拉玛诉保加利亚案(Plamav. Bulgaria)中,申请人欲购买普拉玛公司的股份,但保加利亚政府在相应的行政审批手续中,制造了大量的问题,且拖延救济程序,这对普拉玛公司的市场价值和声誉造成极大的负面影响,进而提出仲裁申请。而东道国保加利亚认为,投资者未能按照东道国的法律如实进行信息披露,而是对法律规定应予公开的信息进行隐瞒。仲裁庭认为,由于《欧洲能源宪章》(Energy Charter Treaty)中并不包含合法性要求条款,所以即便投资者存在不披露关键信息的情形,该投资行为仍然构成条约项下的

㉑ Inceysa Vallisoletana, S. L. v. Republic of El Salvador, ICSID Case No. ARB/03/26, Award, para. 200(2006).

㉒ Inceysa Vallisoletana, S. L. v. Republic of El Salvador, ICSID Case No. ARB/03/26, Award, para. 337(2006).

适格投资,所以仲裁庭对争端有管辖权。[23]

3. 国际公共政策兜底

当然,即便投资协定中没有合法性要求条款,也并不意味着投资者可以为所欲为。对于那些严重违反国际公共政策的行为,仲裁庭仍然通过否认管辖权拒绝给予救济,以维护基本的国际秩序。当然,对于国际公共政策目前尚缺乏统一认识,因此,"兜底"也仅仅局限于投资涉腐以及严重侵犯人权这两种情形。

综上,对于投资者违法行为是否会对仲裁庭管辖权产生影响这一问题,仲裁庭会在确认投资者的违法行为与争端存在因果关系的基础上,结合争端涉及的投资协定中有无合法性要求条款的情况,判断投资者的违法行为是否阻碍投资构成相关协定项下的适格投资。若违法行为使投资不适格,则仲裁庭对于争端无管辖权;若即便有违法行为,仍然不影响适格投资的成立,则仲裁庭对于争端仍然有管辖权。后一种情况仍然要接受该投资行为是否违反国际公共政策的检验,因为无论如何,仲裁庭都不能为贪腐和严重侵犯人权的行为提供救济。

因此,按照现有的属事管辖权关于适格投资的判断,足以分析投资者违法行为对仲裁庭管辖权的影响,没必要引入英美法中系衡平法下的"不洁之手"原则。必须看到,衡平法在英美法系中的地位日渐衰落,也注定了这样的规则上升到当代国际法层面,是不合时宜的。

三、"不洁之手"原则作为国际法规范的障碍

(一)适用地域的限制

首先,"不洁之手"原则发端于英国国内法,其产生于特定的历史环境

---

[23] Plama Consortium Limited v. Republic of Bulgaria, ICSID Case No. ARB/03/24, Decision on Jurisdiction, para. 130(2005).

中——普通法法院和衡平法法院的划分。包括"不洁之手"原则在内的衡平法格言在进行适用时,必须首先判断,难以通过普通法得到救济的案件是否能够由衡平法法院管辖。

国际法层面并不存在普通法法院与衡平法法院对立的二元结构。国际法是建立在以主权国家为主体的国际社会的基础上的,这个"社会"至今都没有确立类似于一国国内政府的管理机制。一个具体的国际司法或仲裁机构是否具有对某个具体的国际争端的管辖权,应当以案件当事国的同意为基础,这种同意可以是通过参加某项国际条约表示接受该条约所规定的国际司法或仲裁机构的管辖,或者在案件的司法程序或仲裁程序进行中,同意参与到程序中来。所以出于善意解释条约和禁反言的义务,不应当存在"不洁之手"原则或类似规则,使东道国能够违反其已经做出的"同意以仲裁方式解决国际投资争端"的意思表示。

其次,国际投资仲裁的特点在于,投资者并非像东道国一样是相关投资协定的缔约方,且实质上不可能拥有与东道国一样的采取相应行动的能力。不能否认在衡平法法院参与诉讼的原被告双方实力上存在的差距,且这种差距有时会很悬殊,但衡平法法院的法官面对的情形说到底并没有超越一国国界的范畴,实力差距不足以使强者对弱者恣意妄为,因为在法治环境下这样做仍然会招致对其不利的后果。尤其根据现代法治基本原则之一——权力制约原则,原被告双方同时面对代表国家强权的司法机关(衡平法法院),即便被告是代表行政权的政府,其也要在诉讼中受到司法权的制约。在此基础之上,为了避免掌握国家权力的主体间相互勾结,各国内部必然有适合其自身的社会、舆论监督机制和相应的权力制约机制,实力悬殊不会导致双方诉讼地位的不平等。因此,总体上而言,在一国内部的法律体系中,对自身存在违法行为,还仍试图以诉讼来维护违法行为以获得不当利益的当事人来说,"不洁之手"原则作为一种惩罚机制有其存在的合理性。

但如果将"不洁之手"原则照搬到国际投资仲裁中,情形则完全不同。由于世界政府的缺位,以及投资人作为外国人遭遇东道国歧视的可能性(这种歧视可能性足以使权力制约和社会、舆论监督完全失效)，“不洁之手”原则的适用将会进一步增加东道国事实上拥有的优势地位，给投资者造成极大的不公。对于东道国而言，恶意解释、执行其国内法并无端指责投资者，总是简单的，诚如中国古语有云：“欲加之罪，何患无辞。”若因东道国指出投资者行为不当并贴上投资者违反东道国法律的标签，就能够使仲裁庭丧失管辖权，从而使投资者无法得到救济的话，只会造成投资者与东道国在国际投资仲裁程序中连基本的地位平等都无法达到。进一步分析，“没有救济就没有权利”，㉔则投资者在相关协定下的权利也就因不会得到东道国真正的尊重而沦为虚无。这实际上是变相允许东道国违反条约义务，从而使其合法逃避应由其承担的国际责任。

综上，“不洁之手”原则是一国国内法中用以确定管辖权的标准，但是将其作为确定国际司法或仲裁机构的标准，严重脱离了国际社会由主权国家构成这一基本事实，会片面增强东道国本就具有的优势地位，增加其违反相关投资协定的动机，使其不对外国投资者按照条约义务提供保护，使国际投资仲裁作为一种纠错机制失去其自身存在的价值。所以，该原则只能作为国内法规范存在而不宜国际法化。

(二)相关概念缺乏共识

1.“投资”定义的模糊性

截至2019年，全球范围内国际投资协定的总数量达到3284项。㉕ 但众多的双边投资协定以及多边投资协定都没有就“投资”一词作出统一的定义。在国际投资仲裁实践中，学界目前广泛接受的是意大利萨利尼工程建设公司诉摩洛哥案(Salini v. Morocco)采取的“四要素”说：出资、一定的合同履行期

㉔ See A. V. Dicey, *Introduction to the Study of the Law of the Constitution*, 10th ed., E. C. S. WADE, 1964, p. 199.

㉕ UNCTAD, World Investment Report 2020: International Production Beyond the Pandemic, 2020, p. 106.

限、对交易风险的承担、对东道国经济发展的贡献。[26] 也有相关案例采取的是去掉前述最后一项的"三要素说",因为经济贡献已经暗含在前三条要素中。[27] 德意志银行诉斯里兰卡案(Deutswche v. Singarasa)进一步表明,哪怕是失败的投资、没有对东道国经济做出贡献的投资,也应当被界定为应受保护的投资。[28]

当作为源头的投资行为都无法被准确定义时,对投资行为的违法性进行评判则更是无从谈起。根据以往的仲裁结果,仲裁庭拥有相当大的裁量权,可以在个案中对投资的定义进行解释范围上的伸缩,从而在源头上决定投资者行为的违法性是否与争端有关,继而决定是否将其纳入条约保护范围和仲裁管辖范围。若此,则投资者的违法行为是否对案件的管辖权产生影响,以及对实体结果的影响,不是依据法律推理的三段论逻辑,而完全取决于仲裁庭的解释。而且,解决投资争端国际中心(International Centre for Settlement of Investment Disputes)作为解决国际投资争端的权威机构,在对"投资"定义的界定和解释上,发展出如此有弹性的操作空间,难以形成一个客观的标准,以供所有不同案件的仲裁庭共同遵守,这与法治思维所追求的确定性是背道而驰的。

2."违法性"意义不明

如何理解投资者行为的"违法性",是确证"不洁之手"原则最大的理论障碍。直接以"违反东道国国内法"为理由解释不通,因为东道国的法官和政府官员无疑最了解东道国的法律,是解释和适用东道国法律的最权威的群体,一旦东道国认定了投资者行为的违法性,仲裁庭便应该遵循此种结果,从

---

[26] Salini Costruttori S. p. A. and Italstrade S. p. A. v. Kingdom of Morocco, ICSID Case No. ARB/00/4, Decision on Jurisdiction, French Original: 129 Journal du droit international 196 (2002), English translation: 42 ILM 609 (2003), 6 ICSID Rep. 400 (2004).

[27] Consortium Groupement L. E. S. I. -DIPENTA v. People's Democratic Republic of Algeria, ICSID Case No. ARB/03/8, Award, 10 January 2005; Victor Pey Casado and President Allende Foundation v. Republic of Chile, ICSID Case No. ARB/98/2, Award, 8 May 2008.

[28] Deutsche Bank AG v. Democratic Socialist Republic of Sri Lanka, ICSID Case No. ARB/09/2, Award, 31 Oct. 2012.

而应该拒绝对争端的管辖。这形成了一个逻辑上的困境，以至于只要东道国做出了违法性认定，依据“不洁之手”原则仲裁庭就对争端无管辖权，国际投资仲裁程序便无法启动。但由公约设计的初衷来看，仲裁庭存在的价值便是对东道国管理外资的行为进行纠正，仲裁员应该有权判断东道国的法律是否是“恶法”。但这些法律通常事关东道国环保、民生、劳工、税收等国计民生的重大事项，国际法显然不应该加以干涉。在国际社会并不存在类似国内法的违宪审查机制的情况下，由仲裁庭这般的组织评价东道国国内法缺乏正当性。

从“违反国际法”的角度看，若条约对投资者的违法行为加以否定，则直接依据明确的条约义务即可判断，无须另外的“不洁之手”原则；若条约缺乏明文规定，则违法性缺乏明确的国际法渊源，不能因此认定投资者的行为违反了国际法中具体的规范内容。虽然“违法性”存在“国际强行法”“国际公共政策”的理论支持，但既往的国际投资仲裁案例中还是将其局限在贪腐和严重侵犯人权这两种行为上，因为仲裁庭同样认识到目前的实践水平难以将“违法性”的边界向外拓展。因此，国际法层面的“违法性”，除去贪腐和严重侵犯人权这两种具体的情形之外，难有能够使人信服的明确结论。

3. “严重性”意义不明

“不洁之手”原则在国际投资仲裁中的运用的另一理论困境就是严重性的认定。这个概念就好比国内法中，民法上的“恶意程度”和刑法中的“主观恶性”。国内法中，可以通过立法程序反映出全民共同意志，用法律条文表现严重性；或者通过对司法判例的总结，去说明违法的严重性，这种总结既可以是判例法，又可以是司法解释。但是国际法没有遵循先例的要求，彼此矛盾的裁判结果大量存在。国际社会目前更不可能形成一个统领全球的立法、司法体系去解决这一问题。除非条约明文规定，缔约国同意且不做出保留，否则任何国际机构在这些问题上做出的任何声明或者文件仅仅具有建议性质，而不存在法律拘束力。

（三）对国际投资仲裁的正当性冲击

在目前的经验积累下，“不洁之手”原则内容的不确定性和解释的恣意性,会对投资者和东道国皆产生不利影响,这会进一步加深国际投资仲裁体系的正当性危机。

1. 对投资者的不利影响

对于投资者而言,条约保护范围和同意仲裁范围本就是留给东道国的后门,"不洁之手"原则的存在会进一步增加投资者运用国际投资仲裁体系进行维权的困难,违背了投资者—国家争端解决(Investor-State Dispute Settlement)模式顶层设计的初衷——在东道国法律体系之外,能有其他的因素在东道国对外国投资进行管理的过程中进行制衡,使东道国不至于滥用公权力。因为"不洁之手"原则的存在,仲裁庭若偏向东道国进行解释,扩大违法性的范围,会使申请人的仲裁申请在初步异议阶段,就被判定为仲裁庭缺乏对争端的管辖权。这会降低投资者—国家争端解决模式的纠错功能。

2. 对东道国的不利影响

反之,对于东道国而言,若将违法性限缩在一个非常小的范围,即由东道国认定的违法行为被仲裁庭否定,则是否认了东道国对外国资本进行管理的权力,侵蚀了东道国的主权权力。国际投资碎片化的现状,恰恰反映出外国投资给东道国造成的影响的两面性:既可以促进经济发展、增加就业,但同时会给东道国的社会治理造成巨大的冲击,且不同国家和地区会有不同表现,尚缺乏统一有效的应对方案。所以,对外国资本的监管作为一项重要的主权权力,各国轻易不会放弃。对相应权力做出让渡需要个别协商,一般情况下依赖双边和多边的投资协定的具体规定。说到底,国际投资仲裁是一种争端解决机制,仲裁庭的权力源于国家同意。但"不洁之手"原则的确立,则是对国家同意的一种突破,因为这意味着东道国的法律会被仲裁庭进行评价,使东道国监管外国资本的权力受到额外的监管者的约束。从越来越多的国家退出《关于解决国家和他国国民之间投资争端公约》,不难看出,各国对于仲裁庭扮演这样一个监管者的角色持否定态度。

四、结语

关于投资者违法行为给国际投资仲裁仲裁庭管辖权造成的影响，从“属事管辖权”的视角出发，以投资者违法行为是否影响适格投资的成立为切入点，便能圆满解决问题。因此，国际投资仲裁仲裁庭管辖权的现有理论，足以针对投资者的违法行为做出评判，完全没有必要从英美法系中日渐衰落的衡平法体系下，借鉴“不洁之手”原则。该原则脱胎于英美法系，是为了划分普通法院和衡平法院的管辖权而产生的，大陆法系国家没有支持该原则的历史路径。由于当代国际社会中世界政府的缺位，此种国内法规则上升到国际法层面，注定缺乏实践基础。将“不洁之手”原则具体运用到国际投资仲裁领域，仍然有大量概念语意不明，操作起来必将困难重重，并且会给国际投资仲裁体系的正当性造成冲击。这也能够解释为什么在尤科斯公司案中，仲裁庭会认为至少就俄罗斯所举之案例，尚无一例能够证明“不洁之手”原则在国际投资仲裁领域业已存在。

《上外贸涉外法治论丛》(第1卷)
第166～180页

“深度伪造”侵权责任完善路径探析

郝立军*　刘紫荆**

一、引言

近年来,“AI换脸”技术不仅在国内引发巨大争议,在国外也受到格外关注。“AI换脸”技术在各国文件中多被称作“深度伪造”,此称谓因更全面地描述了该技术的特征与应用场景而被广泛使用。

“深度伪造”一词译自“deepfake”,又称为“AI换脸”“视频换脸”“深度合成”等。“换脸”技术最早出现于20世纪60年代,到了80年代,好莱坞已经开始使用“换脸”技术进行电影的摄制。① 该技术受到广泛关注始于2017年,一位名为deepfakes的用户在美国主流媒体网站Reddit上传了数个视频,该用户采用智能技术将色情视频中原演员的脸替换成知名演员,很快因受到举报而被封

---

* 法学博士,上海对外经贸大学法学院副教授。

** 上海对外经贸大学法学院2020级硕士研究生。

① 参见苗争鸣:《可怕的“深度伪造”技术》,载《世界知识》2019年第22期。

号,但该用户随即在开源代码网站 GitHub 上分享了该技术的代码,网友和新闻媒体也开始使用 deepfake 代称使用该技术生成的音频、视频。深度伪造的技术原理并不复杂,主体部分分为自动编码器和生成对抗网络:自动编码器的作用是通过对输入的数据进行重建来实现音频、视频的合成,生成对抗网络则包括一个生成器和一个鉴别器。生成器负责制作利用原始数据合成出的音频、视频等,鉴别器则负责区分原始数据和合成数据,生成器生成音频、视频,并交由鉴别器鉴别,鉴别器如果鉴别出音频、视频是合成的则需要生成器重新生成,如此周而复始进行迭代直至鉴别器识别不出生成器生成的音频、视频等是合成的。②

从"深度伪造"一词的词义便可推断出其具备真假难辨的特性,一旦该技术使用不当,很容易引发相关风险,美国共和党参议员卢比奥甚至将这一技术的威力与核武器相提并论。③ 深度伪造技术目前主要用于商业、娱乐目的,如电影、电视中的应用,软件中的应用,④以及个人出于娱乐目的的使用等。但是,正是由于其具有以假乱真的欺骗性,一旦被用于非法目的,将会带来毁灭性的后果。非法利用深度伪造的行为,除用于敲诈勒索等侵犯财产权的犯罪行为外,多数属于网络侵权。网络侵权具有行为隐蔽性、损害后果即时性等特征。对于普通的网络侵权,认定为侵权后一般不会再有争议,深度伪造侵权则因其真假难辨会持续地产生影响:假作真时真亦假,侵权结果一旦发生,可能出现难以挽回的后果。

当前,世界各国都开始重视"深度伪造"可能引发的风险,2019 年英国《网络危害白皮书》中特地提及深度伪造;美国国会近年来不断出台有关深度伪造的法案,如《深度伪造责任法案》《2019 年深度伪造报告法案》等。我国也陆续发布了《网络音视频信息服务管理规定》《网络信息内容生态治理规

---

② 参见苗争鸣等:《颠覆性技术异化及其治理研究——以"深度伪造"技术的典型化事实为例》,载《科学学与科学技术管理》2020 年第 12 期。

③ 参见龙坤、马钺、朱启超:《深度伪造对国家安全的挑战及应对》,载《信息安全与通信保密》2019 年第 10 期。

④ 如 2018 年美国上线的软件 FakeApp,2019 年我国备受争议的软件"ZAO"等。

定》等涉及对“深度伪造”进行规制的部门规章,《民法典》第1019条对“深度伪造”问题作了具体的规定。深度伪造涉及肖像权、名誉权、隐私权、著作权等权利,其真假难辨的特性结合网络侵权的自有特点,使其损害后果更甚于一般的网络侵权。本文着眼于讨论“深度伪造”侵权在我国现有法律框架下的规制困境,提出我国解决该困境的建议。

二、我国法律框架下的“深度伪造”侵权规制困境

深度伪造侵权在我国法律框架下能够受到规制。《民法典》第1019条专门提及不得“利用信息技术手段伪造等方式侵害他人的肖像权”。《民法典》新增的“人格权编”使深度伪造侵权能够得到更好的救济。在深度伪造侵权的认定上,由于其并不是法定的特殊侵权种类,应适用一般侵权行为的认定规则。一般侵权行为的构成要件包括加害行为、过错、损害事实和因果关系,对深度伪造侵权的判断并不脱离上述要件。尽管从《民法典》第995条的规定可以得出,人格权请求权的行使,不需要以过错为要件。但是,深度伪造的认定是要有过错要件的,法律规定“不得利用”“深度伪造”技术侵害他人肖像权,对该规定的违反即为过错。深度伪造“乱真”的特性使“深度伪造”侵权所产生的危害远大于一般的网络侵权,我国现行法律尚难以进行有效规制。因此,相关困扰主要聚焦于对于“深度伪造”侵权行为的预防和对深度伪造侵权行为的救济,具体又可以分为对(潜在)侵权者的规制和对第三方平台的规制。

(一)“深度伪造”行为人的标识义务:标准不明确

2019年11月,我国国家互联网信息办公室、文化和旅游部、国家广播电视总局发布了《网络音视频信息服务管理规定》,该规定已于2020年1月1日开始实施。其第11条第1款规定,网络音视频信息服务提供者和网络音视频信息服务使用者利用基于深度学习、虚拟现实等的新技术新应用制作、发

布、传播非真实音视频信息的,应当以显著方式予以标识。这事实上规定了制作、发布、传播深度伪造音频、视频的显著标识义务。这表明,我国立法者已经注意到了“深度伪造”侵权并开始采取行动,但这显然还不够。尽管在某些情况下,如果观者或听者没有产生误认,则不会存在侵权,如仅利用“深度伪造”讽刺社会现象等情形。但是,在大多数情况下,如果对于“深度伪造”没有显著标识,会导致一般人形成误认,从而是否进行了显著标识有时是判断是否构成侵权的标准,同时也是判断侵权者是否存在主观恶意的重要参考。因此,对于是否进行了显著标识的判断标准应当简单明确,否则会造成制作、发布、传播者难以把握尺度以及法官自由裁量范围过大的后果。《网络音视频信息服务管理规定》仅仅规定了显著标识义务,却没有规定经过细化的具体标准,会导致在除人格权侵权以外的侵权认定中,在过错要件的判断上产生争议。

(二)预防性救济之诉前禁令:标准不清晰、执行难度大

我国法律中并没有形成关于诉前禁令制度的统一的规范术语,诉前禁令一般以“诉前停止侵权行为”的形式出现在我国法律规范中,但是学界基本达成了“诉前禁令”“诉前停止侵权行为”“诉前行为保全”为同义语的共识。[⑤]诉前禁令在《民事诉讼法》中被称为“诉前行为保全”,但是由于《民法典》第997条规定了侵害人格权禁令制度,本文统一使用“诉前禁令”的表述。诉前禁令是2000年《专利法》修改时新增的制度,后陆续被吸收入《商标法》和《著作权法》。2012年《民事诉讼法》修改时新增诉前行为保全制度。2021年施行的《民法典》在第997条规定了针对侵害人格权的违法行为的禁令,权利人只要向法院提供初步的证据证明行为人正在实施或即将实施侵害其人格权的违法行为,即可向法院申请禁令。该禁令将对侵害人格权行为的规制提到事前,在信息传播快速、广泛、难以挽回的互联网时代具有深远的意义。在我国法律框架下,不论“深度伪造”侵犯的是著作权还是人格权,都能够受到

⑤ 参见王利明:《论侵害人格权的诉前禁令制度》,载《财经法学》2019年第4期。

禁令的救济。虽然我国对诉前禁令进行了规定,但禁令的实施细则却没有在法律中体现。目前,只在司法解释中对诉前禁令进行了细化,但禁令的标准仍然不够清晰,对于禁令的申请、管辖、审查、执行等方面都没有细致的规定。同时,对于拒不执行禁令的行为缺乏有效规制,我国《民事诉讼法》第114条规定,拒不履行人民法院已经发生法律效力的判决、裁定的,人民法院可以根据情节轻重予以罚款、拘留;构成犯罪的,依法追究刑事责任。显然,这也属于事后救济。网络侵权本就非常复杂,救济难度极大,深度伪造的危害性则更加严重,仅仅规定拒不执行禁令的事后救济仍不足以防止损害结果的发生。

(三)事后救济之侵权责任承担形式:赔偿数额难以确定且威慑力不够

侵权行为承担责任的方式一般包括损害赔偿和其他责任形式,如停止侵害、排除妨碍、消除危险等。由于侵权责任法的主要功能在于弥补损害,我国立法对于损害赔偿的关注度明显高于其他救济方式。《民法典》第1183条规定了精神损害赔偿,侵害自然人人身权益造成严重精神损害或因故意或者重大过失侵害自然人具有人身意义的特定物造成严重精神损害的,被侵权人有权请求精神损害赔偿。在这样一个保护框架下,“深度伪造”侵权救济的范围明显扩大。至于赔偿数额,《民法典》第1182条规定首先按照被侵权人受到的损失或侵权人因此获得的利益计算,相较于原《侵权责任法》第20条规定的先按被侵权人受到的损失计算,对被侵权人的救济更加充分。《民法典》第1185条针对知识产权侵权行为有条件地引入了惩罚性赔偿,该条能够对深度伪造侵犯知识产权起到良好的威慑作用。此外,《民法典》第1167条规定了停止侵害、排除妨碍、消除危险等其他侵权责任形式。一般认为,侵权责任法的赔偿原则为“损害填补”“全部赔偿”,也就是说,当事人受到多少损害,即对其进行多少赔偿。但问题在于被侵权人遭受财产损害时损害的数额都常常难以确定,更遑论侵犯人格权导致的损害数额的具体确定。《民法典》第1182条规定首先按照被侵权人受到的损失或侵权人获得的利益计算,提供了将侵权人所获利益作为赔偿数额的思路。但是,如果按照侵权人因此获得的利益进行赔偿,相当于侵权人将其侵权所获利益交还出去,完全无法预防侵权行为的再次发生。侵权人甚至会因此有恃无恐,不断实施侵权行为:倘若没有被追究便属于“赚到”,被追究也“不亏”。《民法典》作出如此规定,是考虑到对被侵权人进行更完善的救济,却完全忽略了这样的规定依旧无法对侵权行为产生威慑。

(四)第三方责任承担之基础:网络服务提供者义务过轻

《民法典》第1195条和第1196条规定了通知与反通知规则。通知规则最早出现在我国《信息网络传播权保护条例》中,后被原《侵权责任法》吸收,适用于一般的网络侵权案件;原《侵权责任法》没有引入的反通知规则被写入《民法典》。“网络服务提供者居于通知权法律关系和反通知权法律关系的交叉点,具有双重义务人的法律地位。”⑥在这两个法律关系中,网络服务提供者需要承担及时转送通知并采取必要措施的义务,以及在网络用户提交不存在侵权行为的声明后将该声明转送给发出通知的权利人的义务,在转送的声明到达权利人后的合理期限内未收到权利人已经投诉或提起诉讼的通知时,还应承担及时终止所采取的措施的义务。《民法典》第1197条对红旗规则作出了规定。红旗规则同样最早出现在我国《信息网络传播权保护条例》中,并被原《侵权责任法》吸收。《民法典》对原《侵权责任法》中“网络服务提供者知道网络用户利用其网络服务侵害他人民事权益”中“知道”的定义进行了细化,明确为“知道或者应当知道”。如上所述,网络服务提供者需要承担的义务包括通知与反通知的义务、接到通知后采取必要措施的义务以及对侵权行为的一般注意义务。我国引入避风港规则、红旗规则后,有诸多学者对中美两国相关制度进行比较分析,认为我国对于网络服务提供者的注意义务的要求高于美国,红旗规则的适用会导致网络服务提供者承担过高的责任。⑦ 但是,这些学者仅仅从法律的角度对网络服务提供者的责任进行分析,而忽略

---

⑥ 杨立新:《网络服务提供者在网络侵权避风港规则中的地位和义务》,载《福建师范大学学报(哲学社会科学版)》2020年第5期。

⑦ 参见吴伊倩:《信息网络传播权侵权责任探析》,厦门大学2017年硕士学位论文,第23页。

了在信息化时代,人们的生活与网络融为一体,网络服务提供者提供的交往平台,承载了一定的社会功能,也因此必须担负起一定的社会责任。在当前的法律框架下,网络服务提供者仍然能够凭借"没有审查义务"这张挡箭牌,对侵权行为放任自流。网络服务提供者承担的义务与一旦发生几乎无法挽回的网络侵权后果相比明显失衡,有必要探索一种既不会抑制互联网发展,又能够很好地规制侵权行为的新机制。

三、完善我国"深度伪造"侵权责任的建议

正如王泽鉴教授所言:"整个侵权行为法的历史就在于如何平衡'行动自由'和'权益保护',其规范模式因国而异、因时而别,沉淀着不同社会的文化、经济制度、社会变迁和价值观念。"⑧对深度伪造视频修改技术的限制可以打击虚假信息的传播,针对"深度伪造"侵权规制困境中的四个问题,本文从以下四个方面提出完善建议,以期达到良好的规制效果。

(一)细化"深度伪造"的标识方式、明确行为人的说明义务

针对我国目前仅在《网络音视频信息服务管理规定》中规定了制作、发布、传播深度伪造的音视频信息的显著标识义务且没有对其进行进一步的细化的问题,我国应对"深度伪造"的标识方式进行详细的规定。应规定所有的深度伪造都必须嵌入水印,而仅仅是嵌入水印还不够,还应规定对音频、视频的具体明确的披露义务。针对"深度伪造"具体的标识方式,除特定情形外,对于任何"深度伪造",都需要插入数字水印,即数字水印与披露缺一不可。对于视频须在图像底部一直显示文字说明,并且该文字包括对视频中被伪造的部分(包括图像与声音)的说明。对于音频则应在音频开始时以及开始后的每两至三分钟内均须插入声音说明,且该陈述包括对音频中被伪造部分的

⑧ 王泽鉴:《侵权行为》,北京大学出版社2016年版,第67页。

说明。在这种情况下,潜在侵权人可以根据相关规定及时规避侵权行为的产生,法官在认定侵权时,也有了判定主观过错的更加清晰明确的标准。美国《深度伪造责任法案》也作出了类似规定,即任何包含移动视觉元素的深度伪造记录,应包含一个嵌入的数字水印,该水印应清楚地表明该深度伪造包含改变的音频或视觉元素。[⑨] 同时,任何既含音频又含视觉元素的深度伪造,应当包括不少于一项清楚说明录音、录像内容发生改变的言语陈述,并对改变的程度作出简要说明。并且,在视觉元素的持续时间内,有清晰可读的文字声明出现在图像底部,用以识别该记录包含被改变的音频和视觉元素,同时要对改变程度进行简要描述。[⑩] 任何仅包含视觉元素的深度伪造应包括一份清晰易读的书面声明,在视觉元素的持续时间内出现在图像底部,以识别该视频包含改变的视觉元素,同时要对改变程度进行简要描述。[⑪] 任何仅包含听觉元素的深度伪造,应在该音频开始时包含一份明确的口头声明,以确定该音频包含被更改的听觉元素,同时要对更改程度进行简要描述,如该音频的长度超过两分钟,则在其后每两分钟内,须另加不少于一份清楚的口头声明以及对更改程度的简要描述。[⑫] 上述法律义务是针对任何意图在互联网上传播"深度伪造",或知道"深度伪造"将被传播的人设定的。

当然,凡事都有例外,符合一定条件或满足一定情形时,嵌入水印与披露的义务才会被免除。相对免除披露义务的情形而言,应对免除嵌入水印义务情形进行限制,例如,"深度伪造"包含更为显著的替代性披露;制作记录的过程(如果最终传播的记录符合嵌入水印并进行披露的要求);主要包含真实人物的录音或录像且未进行实质性的修改;因编辑电影、电视、音乐或类似作品或制作衍生作品而创作的深度伪造,取得记录中出现者同意的;出现在一个理智的人不会产生误认的环境中;为促进公共安全或国家安全;[⑬]等等。只有

⑨ See DEEP FAKES Accountability Act, SEC2, § 1041(b).

⑩ See DEEP FAKES Accountability Act, SEC2, § 1041(c).

⑪ See DEEP FAKES Accountability Act, SEC2, § 1041(d).

⑫ See DEEP FAKES Accountability Act, SEC2, § 1041(e).

⑬ See DEEP FAKES Accountability Act, SEC2, § 1041(j)(1).

在满足特定情形时可以免除嵌入水印与披露的义务,而相对于披露义务的免除,对嵌入水印义务的免除的标准更为严格。

本文认为,为防止侵权行为的发生,原则上行为人必须履行嵌入水印并进行披露的法律义务。不满足嵌入水印义务和披露义务中任何一个义务,即可认定为是对注意义务的违反,除非符合免除嵌入水印与披露义务的情形。

(二)明确诉前禁令内容、司法机关与公权力介入救济

在“深度伪造”侵权方面,应给予潜在被侵权人使用禁令进行救济的权利并对其隐私进行保护。

禁令救济应当包括强制遵守嵌入水印并进行披露的义务的内容。在我国,诉前禁令(行为保全)制度自2012年被写入《民事诉讼法》以来,其适用范围就从知识产权领域扩展到整个民事诉讼领域。但是,《民事诉讼法》仅仅对诉前禁令作了原则性的规定,对于禁令的具体适用方式,包括申请、审查、执行等方面,都没有进行明确的规定。根据《民法典》第997条的规定,人格权诉前禁令的审查包括如下方面:第一,行为人正在实施或即将实施侵害人格权的违法行为;第二,如不及时制止将会对权利人的合法权益造成难以弥补的损害;第三,申请人有证据证明行为人正在实施或即将实施侵害其人格权的违法行为。王利明教授认为,适用诉前禁令还应当具备“申请人具有较大的胜诉可能性”的要件。[14]这一要件在法律中并没有明确规定,但一般来说,由于禁令会对被申请人造成一定的影响。按照作出阶段的不同,禁令可以被分为永久性禁令和中间性禁令。永久性禁令是在双方当事人都有听审机会的诉讼中权利已经确定之后作出的。永久性禁令的持续时间并非永久,其持续时间仍然以法官作出的判决为准。中间性禁令则是暂时性的措施,一般规定直至案件开始审理或作出新的禁令为止,禁令继续有效。[15] 从禁令的分类来看,《民法典》第997条,应该主要是针对中间性禁令,在当事人之间权利义务还不明确的情况下所采取的一种对原告被告都不会产生特别大不利影响的

⑭ 参见王利明:《论侵害人格权的诉前禁令制度》,载《财经法学》2019年第4期。

⑮ 参见沈达明:《衡平法初论》,对外经济贸易大学出版社1990年版,第291页。

救济措施。申请人在认为被申请人正在侵权或即将侵权的情况下，向法院申请禁令，法院通过初步的审查认为可能侵犯申请人权利时，应对被申请人施加以一种比较柔和的限制措施：仅仅规定其对其制作的音频、视频进行嵌入水印并披露。

因而，应当规定法院同意采取诉前禁令时要求申请人具备较大的胜诉可能性，以免申请诉前禁令的权利被滥用。无论是英美法系还是大陆法系一般都要求申请人具备较大的胜诉可能性。[16] 在美国，对胜诉可能性的判断具有灵活性：“如果有必要作出预备性禁令以保护原告免受严重伤害，同时对被告又不造成负担，那么即使原告证明胜诉的可能性理由不够充分也可能获得禁令。”[17]当然，并非所有“深度伪造”都需要嵌入水印并进行披露，在嵌入水印并进行披露对被告并不会产生较大负担的情形下，即使原告提出的证据不能证明其具有较大的胜诉可能性，法院仍然可以发出要求被申请人嵌入水印并披露的禁令。由于禁令的适用可能侵犯被申请人的合法权益，也可以采取一种折中的做法，即采取一种既能够防止申请人受到不可弥补损害，又不会过分损害被申请人权益的做法，不仅可以提升禁令的适用效率，也减轻了申请人的举证难度。

在最重要的禁令执行方面，《民事诉讼法》仅在第 103 条规定了“裁定采取保全措施的，应当立即开始执行”，第 106 条规定了“财产保全采取查封、扣押、冻结或者法律规定的其他方法”，而并没有对禁令采取何种方式执行作出规定。“深度伪造”侵权诉前禁令的执行，一般是可替代的，即在被申请人拒不执行删除相关音视频的禁令的情况下，法院可以委托相关网络平台代为删除被申请人已经发布的涉嫌侵权的音视频，或者在相关已发布的音视频中插入真实性存疑的公告等，所产生的费用由被申请人承担。但是，如何使被申请人不继续在平台上传相关涉嫌侵权的音视频，以及如何制止网络用户继续

---

[16] 参见彭向阳：《知识产权诉前禁令研究》，华南理工大学 2017 年博士学位论文，第 62 页。

[17] 宋冰编：《程序、正义与现代化——外国法学家在华演讲录》，中国政法大学出版社 1998 年版，第 232 页。

传播涉嫌侵权的音视频,都是需要考虑的问题。我国应当对拒不遵守禁令的被申请人予以处罚,可以参照适用《民事诉讼法》第114条以及最高人民法院《关于对诉前停止侵犯专利权行为适用法律问题的若干规定》(已失效)中有关被申请人违反人民法院责令停止有关行为的裁定的依法追究相关法律责任。至于如何制止网络用户继续传播涉嫌侵权的音视频,可以适度以公权力介入制止相关音视频的继续传播,但是如何把握好相关限度,仍是需要探究的问题。

另外,在隐私保护方面,相关公权力机构应在职权范围内,向被伪造者询问,采取合理的措施以保护他们的隐私,并尽量减少公众对此类记录的额外查看。[18] 考虑到侵权人消除影响的能力并不能与"深度伪造"所造成的损害后果相匹配,公权力应当主动介入对被侵权人的救济中,最大限度地制止被侵权者受到伤害。

(三)将惩罚性赔偿扩大至"深度伪造"侵权

侵权获利赔偿的请求权的性质已经为众多学者所探讨,有不当得利请求权说、独立请求权说、不真正无因管理请求权说等,也有学者认为该请求权其实就是侵权损害赔偿请求权。[19] 暂且不论获利赔偿的请求权的性质到底是什么,倘若不是侵权损害赔偿请求权,则会发生请求权的竞合。"同一给付目的的数个请求权并存,当事人得选择行使之,其中一个请求权因目的达到而消灭时,其他请求权亦因目的达到而消灭。"[20]被侵权人自然不得选择既请求损害又请求利润。倘若该请求权是侵权损害赔偿请求权,获利赔偿仅仅是损失的一种计算方法,更没有理由将损失与获利加在一起进行计算,"损害赔偿法依据其正义价值基础旨在实现完全填补受害人所遭受的损害,但同时也应当避免超出损害填补之外给受害人带来利益"[21]。但显然,仅仅让侵权人归还其

---

[18] See DEEP FAKES Accountability Act, SEC2, § 1041(h)(1).

[19] 参见黄芬:《人格权侵权获利赔偿的请求权基础研究》,载《法商研究》2019年第4期。

[20] 王泽鉴:《法律思维与民法实例》,中国政法大学出版社2001年版,第166~167页。

[21] [奥]海尔穆特·库奇奥:《损害赔偿法的重新构建:欧洲经验与欧洲趋势》,载《法学家》2009年第3期。

所获利益的赔偿方式,仍然不足以对侵权行为产生威慑,需要一种更合适的赔偿方式。

笔者认为,将惩罚性赔偿扩大适用至"深度伪造"侵权能够很好地解决上述问题。惩罚性赔偿起源于英美法系,但自1993年惩罚性赔偿第一次出现在《消费者权益保护法》中后,我国法律中便一直可见惩罚性赔偿的身影。2009年通过的《侵权责任法》规定了限于产品责任领域的惩罚性赔偿。立法者认为,"惩罚性赔偿有利于遏制侵权行为的发生,其主要目的不在于弥补被侵权人的损害,而在于惩罚有主观故意的侵权行为,并遏制这种侵权行为的发生"[22]。其后,伴随法律的修改,惩罚性赔偿也在各项法律中逐步得到确立、完善。直至2020年《民法典》颁布,在第179条"承担民事责任的方式"中规定了"法律规定惩罚性赔偿的,依照其规定",同时在侵权责任编中针对知识产权、产品责任、污染环境与破坏生态方面规定了惩罚性赔偿的适用。从我国法律规定的惩罚性赔偿的适用范围可以看出,我国对该种赔偿的适用相当谨慎,不仅只限于知识产权、产品责任、污染环境与破坏生态方面,还要求情节严重或造成严重后果。事实上,我国学者很早就发出了扩大惩罚性赔偿适用范围的呼吁,如王利明教授认为,从我国的实际情况看,在侵权法领域中例外的情况下规定惩罚性赔偿是必要的。但其同时认为,惩罚性赔偿仅仅适用于一般的损害赔偿难以适用,或适用一般的损害赔偿会导致不公正的情形。[23]也有学者从法教义学的角度对我国引入惩罚性赔偿的合理性进行了论证,同时其通过实证观察认为,惩罚性赔偿在我国呈现扩张适用的趋势。[24] 我国法律规定的适用惩罚性赔偿的案件,都具有一旦发生侵权将造成挽回成本极高甚至无法挽回的后果的特点,从这个角度看,"深度伪造"侵权也具有相应特征。"深度伪造"真假难辨的特性使被侵权后进行补救的难度远远超过一般

---

[22] 王胜明主编:《中华人民共和国侵权责任法释义》,法律出版社2013年版,第271~272页。

[23] 参见王利明:《美国惩罚性赔偿制度研究》,载《比较法研究》2003年第5期。

[24] 参见白江:《我国应扩大惩罚性赔偿在侵权责任法中的适用范围》,载《清华法学》2015年第3期。

侵权行为,必须存在一种制度提前遏制侵权行为的发生。惩罚性赔偿能够大大增加侵权成本,使潜在的侵权者由于可能承担的赔偿数额过大而不敢实施侵权行为。因此,有必要将惩罚性赔偿扩大适用至深度伪造侵权。

对损害赔偿数额应当进行类型化规定,确定计算损害赔偿数额的标准,以便更公平地在受害人的权利和侵权人的行为自由保护方面作出权衡,符合法理。美国《深度伪造责任法案》对被侵权者的救济虽然采取了一种清晰明确的计算标准,不仅在数额的计算上通过选取最大数额的方式保障被侵权者受到最完善的救济,还分不同的情况对赔偿标准进行规定。[25] 但该法案中所规定的损害赔偿的计算方式不同于我国损害或利润的计算方式,而是被侵权者所受到的损害加上侵权者所获得的利润,尽管可以最大限度地对被侵权人进行救济,但我国关于损害或利润的计算方式更为妥当、合理。

(四)网络服务提供者需承担使大众知晓相关法律规定的义务

我国网络服务提供者所负担的义务与“深度伪造”侵权造成的后果明显失衡,但对网络服务提供者设定过重的义务又不利于互联网的健康发展,有必要寻求一种合理的机制,既不过分约束网络服务提供者,又能够对深度伪造侵权产生良好的规制效果。如美国《版权法》第512条j款要求该条规定的所有类型的网络服务提供者,都有义务告知服务提供者的系统或者网络的用户和账户持有人一项政策,该政策规定在适当情况下,可终止对使用其系统或者网络的反复侵权的用户和账户持有人的服务。[26] 美国《深度伪造责任法案》没有对网络服务提供者提出具体要求,而是为软件制造商设定了对“深度

[25] 深度伪造侵权的损害赔偿的数额最大值是:第一种情形,自然人、关联公司或实体遭受的实际损害以及侵权者没有履行该法案所规定的嵌入水印并进行披露的义务或者删除或掩盖水印和相关披露所获得的衍生利润;第二种情形,如果对自然人、关联公司或实体造成了可以察觉的伤害或者使其面临遭受这种伤害的切实风险,那么每个伪造记录的赔偿金为5万美元;第三种情形,如果出现上述情况的同时还虚假描述了自然人存在极端、无耻行为,那么每个伪造记录的赔偿金为10万美元;第四种情形,如果包含了视觉性的性内容并试图以此羞辱或以其他方式骚扰被侵权人,那么每个伪造记录的赔偿金为15万美元。See DEEP FAKES Accountability Act, SEC2, §1041(g)(2).

[26] 参见李扬、陈曦程:《信息网络传播权侵害中的通知与必要措施规则》,载《政法论丛》2020年第2期。

伪造”制品提供嵌入水印和进行披露的技术能力的义务,[27]但是没有对软件制造商在技术鉴别能力上提出强制性要求。

笔者认为,将披露义务的主体扩展至网络服务提供者也未尝不可。因为软件仅仅提供了制作“深度伪造”的平台,而发布、传播“深度伪造”的平台同样也是“深度伪造”侵权的泛滥之地。在互联网日益成为生活平台的情况下,网络服务提供者要承担更多的社会责任,而这些提供互联网服务的企业的社会责任中最基础的是法律责任,“道德的自律性和舆论的约束性并不能让所有企业社会责任主体履行其义务,这时就需要法律的强制性予以保障,这也使部分企业社会责任演变为法律责任,法律责任反映了社会对企业社会责任的最低要求”[28]。如果在法律层面赋予网络服务提供者以使群众知晓相关法律规定的义务,再配合以红旗规则和避风港规则,这样既不会使网络服务提供者负担过重的义务,也能够遏制“深度伪造”侵权。需要注意的是,应当规定网络服务提供者履行披露义务的标准,倘若仅仅是原则性的规定,仍然达不到规制目的。

四、结语

由于目前已开源的“深度伪造”技术并非尽善尽美,大多数靠其生成的“深度伪造”还可以由肉眼识别,在社会上流传的大多数深度伪造起到的大多是娱乐效果。在可以肉眼识别的情形下,依靠我国现行法律规范已经能够对深度伪造侵权进行较为完善的救济。

但是,少数深谙技术原理又有精力的制作者已经能够制作出肉眼无法识别,甚至机器都无法识别的“深度伪造”,这也是各国立法者急切地提出规制

---

[27] See DEEP FAKES Accountability Act, SEC3.

[28] 谷亚晴、汪永福、郑和园:《企业社会责任他律:法律的介入与治理》,中国政法大学出版社2017年版,第31页。

"深度伪造"行为的原因。很难想象,在不久的将来,我们很可能面对无法辨别所接受到的信息是真实还是虚假的问题,但是相关技术的产生,让我们不得不居安思危:对于"深度伪造"的标识方式必须有具体明确的标准;有针对性地对诉前禁令的适用做出调整,细化诉前禁令的执行;侵权责任法对于"深度伪造"侵权的规制必须将重点提到事前,同时通过惩罚性赔偿的设计威慑潜在的侵权者;网络服务提供者作为信息时代承担信息交换功能的主要媒介,必须担负起相应的义务等。高新技术带来的风险常常引起社会的巨大变革,也对法治形成空前挑战,在高新技术不断发展的信息社会中,唯有坚持以敏锐的眼光,时刻关注相关技术的发展动向,并适当借鉴他国之做法,取精用宏,方能防患于未然,保持技术发展与社会发展的相对平衡。

案例研究

《上外贸涉外法治论丛》(第1卷)
第183~201页

尤科斯仲裁案评述

陈思汗*

一、案情概述

(一)投资事实

1993年4月15日,尤科斯石油股份公司(以下简称尤科斯公司)成立。这是一家由尤甘斯克石油天然气公司、萨马地区的三个炼油厂和俄罗斯八大地区的石油销售公司联合而成的从事石油、天然气勘探、生产、提炼和销售的垂直一体化企业。1995年,当时的俄罗斯首富米哈伊尔·霍多尔科夫斯基(Михаи л Бори сович Ходорковский)在俄罗斯国有资产私有化进程中,以3.5亿美元的价格购进了尤科斯公司78%的股份,并成为该公司的董事长。在之后的数年间,尤科斯公司通过资本运作与并购重组战略,先后控股了东方石油公司、东西伯利亚石油天然气公司、雅马拉石油勘探公司和立陶宛马热伊基艾-那

* 上海对外经贸大学法学院2019级硕士研究生,研究方向:国际投资法。

伏塔股份公司等企业。至2002年,尤科斯公司的石油产量已达到俄罗斯石油总产量的20%,雇员多达8.6万人,并在同年5月成为第一家进入全球市值前十的从事石油与天然气行业的俄罗斯企业。2003年,尤科斯公司发展到巅峰,旗下同时拥有6个炼油厂和10万名雇员,市值高达330亿美元。尤科斯公司在实现全面私有化后,更是一跃成为当时仅次于英国石油公司、埃克森美孚公司和壳牌公司的世界第四大石油公司。

(二)俄罗斯政府针对尤科斯的法律行动

从2003年7月开始,俄罗斯税务与金融监管部门开始对尤科斯公司采取一系列调查措施。俄罗斯政府首先将利剑指向了尤科斯公司重要股东之一——梅纳捷普的总裁列别杰夫(Lebedev),指控其犯有巨额诈骗等罪行,并以此为突破口展开了对尤科斯公司的全方位调查。同年10月25日,俄罗斯政府以涉嫌偷税漏税、诈骗、洗钱等多项罪名为由逮捕了尤科斯公司总裁霍多尔科夫斯基,之后又以相同理由逮捕了该公司的多名高管,并将他们定罪判刑。[①] 俄罗斯政府的这一举措直接导致了尤科斯公司的经营停摆。

不仅如此,俄罗斯政府还对尤科斯公司2000~2004年的纳税情况进行了重新评估与核定。俄罗斯政府认为尤科斯公司利用"低税区计划"大量逃税,于是责令其补缴税款和罚金共约240亿美元,但同时,俄罗斯政府又拒绝尤科斯公司提出的税款缴纳建议(例如出售子公司股权以筹集资金、分期缴纳等),甚至还通过冻结尤科斯公司资产的方式阻止其缴纳税款。

自2004年起,俄罗斯政府启动对尤科斯公司的资产拍卖计划。同年7月19日,俄罗斯司法部宣布,为征收尤科斯公司2000年偷逃的税款,将拍卖其对子公司尤甘斯克油气公司(以下简称尤甘斯克公司)的股权。在当时,该公司是尤科斯集团的核心资产与主要采油企业,估价高达304亿美元。[②] 然而,

---

① 参见康乂、蒋宣:《荷兰法院撤销尤科斯案500亿美元仲裁裁决》,载微信公众号"君合法律评论"2016年4月25日,https://mp.weixin.qq.com/s/AdlkBqBYzFKJH2_0j2tBrQ。

② 参见冯玉军:《牢牢掌握战略资源控制权——俄罗斯"尤科斯事件"剖析》,载《国际贸易》2004年第9期。

5个月后,该公司76.79%的股份就被俄罗斯贝加尔金融集团以93.5亿美元买入。在完成这一拍卖计划的短短三天后,贝加尔金融集团又被俄罗斯政府控股的俄罗斯国家石油公司收购。至此,尤甘斯克公司被正式从尤科斯公司中剥离,由俄罗斯政府接管。

2005年3月,俄罗斯政府发布报告称打算申请尤科斯公司破产,以便重新分配其剩余资产。2006年8月4日,尤科斯公司宣布破产,其剩余资产被国有天然气工业股份有限公司和俄罗斯石油公司收购。

(三)案件进程

2005年2月14日,合计持有尤科斯公司70.5%股份的三名股东——胡勒公司(塞浦路斯)、尤科斯环球公司(英属马恩岛)和石油老兵公司(塞浦路斯)依据《能源宪章条约》(Energy Charter Treaty,ECT)在海牙常设仲裁法院(以下简称国际仲裁庭)针对俄罗斯联邦提起了投资者仲裁(案件编号为No. AA 227),共向其索赔1142亿美元。③ 2009年11月30日,国际仲裁庭就案件的管辖权和可受理性等前置问题作出临时裁决。2014年7月18日,国际仲裁庭作出最终裁决,不仅驳回了俄罗斯政府关于管辖权异议的所有主张,还在实体问题上认定俄罗斯政府不当征收了尤科斯公司的资产,从而裁决俄罗斯政府向尤科斯公司的股东赔偿500亿美元。

俄罗斯政府对仲裁裁决不服,于同年11月向海牙地方法院申请撤销仲裁裁决。两年后,海牙地方法院作出判决,认为根据《荷兰民事诉讼法典》第1065条第1款第1项的规定,裁决有效的前提之一是仲裁条款有效,而双方之间并不存在有效的仲裁协议,故撤销了国际仲裁庭的临时裁决和最终裁决。④

---

③ 参见任清:《“尤科斯公司诉俄罗斯案”裁决解读之一:仲裁庭如何确立对本案的管辖权?》,载新浪博客2014年7月30日,http://blog. sina. com. cn/s/blog_dbc323670102uxsb. html。

④ Judgement, The Hague District Court, The Russian Federation v. Veteran Petroleum Limited (C/09/477160/HA ZA 15 -1); The Russian Federation v. Yokos Universal Limited(C/09/477162/HA ZA 15 -2), The Russian Federation v. Hulley Enterprises Limited(C/09/481619/HA ZA 15 -112), judgement of 20 April 2016, at para. 4. 2.

然而,尤科斯公司的三大股东却并未善罢甘休,随后便将争端提交至海牙上诉法院。该案在上诉法院审理了4年之久。2020年2月18日,上诉法院作出最终判决,推翻了海牙地方法院的审理结果,认为国际仲裁庭具有管辖权,并维持了俄罗斯政府赔偿500亿美元的仲裁裁决。⑤

尤科斯公司案(包含三个系列案件,即胡勒公司诉俄罗斯案、尤科斯环球公司诉俄罗斯案、石油老兵公司诉俄罗斯案)从提交国际仲裁庭,到海牙上诉法院作出判决,总共历时15年之久。案件前后经历了冗长的管辖权异议、实体审理、针对仲裁裁决的异议等程序,但是该案是否画上了句号,依然有待时间的检验。

二、争议焦点

尤科斯公司的三大股东作为向国际仲裁庭提交仲裁争议的申请人,在实体权利方面提出了多项主张;而作为被申请人的俄罗斯政府则在管辖权这一程序问题上大做文章。双方后续的申请撤销仲裁裁决与上诉程序也皆是围绕管辖权问题展开。

(一)各方主张

根据尤科斯公司股东、俄罗斯政府、国际仲裁庭及海牙法院各自的主张,本案的争议主要可分为两大部分,即国际仲裁庭是否具有管辖权以及俄罗斯政府的一系列行为是否构成征收。

1. 国际仲裁庭是否具有管辖权

在该程序性问题上,尤科斯公司的三名股东分别依据ECT第26(4)(b)条的规定,提起适用《联合国国际贸易法委员会仲裁规则》的临时仲裁。而俄

---

⑤ 刘炯、汤旻利、张易欣:《国际投资仲裁常见争议(一)——以尤科斯案为引》,载微信公众号"锦天城律师事务所"2020年3月25日,https://www.allbrightlaw.com/CN/10475/f9a31976c7b8d505.aspx。

罗斯政府在仲裁阶段则提出了以下六点异议：

(1)根据 ECT 第 45 条规定的“临时适用”条款，ECT 并未对俄罗斯生效。

(2)尤科斯公司股东及其投资不符合 ECT 第 1(6)条和第 1(7)条有关投资和投资者的定义。

(3)根据 ECT 第 17 条，俄罗斯政府有权拒绝授予利益。

(4)根据“不洁之手”原则，尤科斯公司股东不应受到法律保护。

(5)争议措施属于被 ECT 第 21 条排除的税收措施。

(6)根据 ECT 第 26(2)条、第 26(3)(b)(i)条规定的“岔路口条款”，尤科斯公司股东已将争议提交给了俄罗斯国内法院和欧洲人权法院，因此不能再提起仲裁。

在上述六项主张中，俄罗斯政府将论述重心放在了第(1)项和第(6)项。俄罗斯政府认为，根据 ECT 第 45(1)条的规定，缔约国必须要在签署并批准 ECT 后，方才受到 ECT 的约束；但其在 1994 年签署 ECT 后，国内立法机构并未对 ECT 进行批准，并且还在 2009 年作出了不予加入 ECT 的声明。因此，俄罗斯政府认为其自始至终都不曾也不应受到 ECT 的约束，因而也就不应当根据 ECT 的相关规定将争议提交给国际仲裁庭。此外，俄方还以尤科斯公司或其实际控制人已在俄罗斯国内法院和欧洲人权法院提起过诉讼，最终受益人皆为尤科斯集团，且诉讼请求重复，可能构成双重救济为由，主张尤科斯公司将案件提交国际仲裁庭的做法已然违背了“岔路口条款”。因此，国际仲裁庭不应享有管辖权。

面对上述管辖权异议，国际仲裁庭在临时裁决中驳回了上述第(1)、第(2)、第(3)、第(6)项，在最终裁决中又驳回了上述第(4)项和第(5)项。

在提起撤销仲裁裁决的阶段，俄方改变了仲裁时的策略，将火力集中于对 ECT 第 45 条和第 26 条的解释之上，并据此向海牙地方法院主张：第一，双方不存在有效的仲裁协议；第二，国际仲裁庭越权；第三，国际仲裁庭的组建不合法。在这一阶段，海牙地方法院对管辖权问题作出了截然不同于国际仲裁庭的判决，认定国际仲裁庭对本案无管辖权。因此，海牙地方法院撤销了仲裁裁决。

在上诉阶段,双方继续围绕 ECT 是否整体性适用以及 ECT 第 26 条是否违反俄罗斯国内法展开争论。

2. 俄罗斯政府的行为是否构成征收

在该实体性问题上,尤科斯公司股东认为,俄罗斯政府对尤科斯公司所施加的税收惩罚、资产冻结等措施构成了征收,违反了 ECT 第 10(1)条规定的公平公正待遇、非歧视原则,以及第 13(1)条有关征收的规定,据此要求裁决俄罗斯政府支付巨额赔偿。具言之,尤科斯公司方主张,根据 ECT 第 10(1)条规定,俄罗斯政府承诺"鼓励投资并为投资者创造稳定、公平、有利和透明的环境,在任何时候都对其境内的投资给予公平和公正待遇,而不是以不合理或歧视性的方式加以对待";尤科斯公司将部分业务从高税区转向低税区的行为同其他公司一样,符合低税区的现行立法,然而其却遭到了俄方的虚假罚款和司法不公;此外,俄方对尤科斯公司的资产冻结、不当拍卖等行为也并非出于维护公共利益之目的,未遵循基本的"善意原则",更没有在事后给予充分而有效的赔偿,此举显然构成非法征收。

俄罗斯政府对此的抗辩是:第一,俄方认为尤科斯公司在低税区设立数十家虚假贸易公司的做法本质上是在滥用低税区计划以逃避巨额税款,此举违反了"诚信纳税人原则"。因此,俄方要求其为此支付罚款的主张并未违反公平公正待遇和非歧视原则。第二,俄方主张其对尤科斯公司的征收行为是合法的,因为征收的目的是收取税款及罚金。

在此问题上,不论是国际仲裁庭,还是海牙上诉法院,都支持了尤科斯公司股东的主张。

(二)核心争议点的厘定

基于以上两大争议焦点的梳理,不难发现,本案一波三折的核心原因并非国际仲裁庭与海牙地方法院对实体性问题的分歧,而是源于彼此对程序性问题的不同理解,即在俄罗斯仅签署却未批准 ECT 的情况下,如何正确解释 ECT 第 45 条与第 26 条的规定,以此来判断 ECT 究竟是否适用于以及如何适用于俄罗斯,从而得出国际仲裁庭对本案有无管辖权的结论。

国际仲裁庭将该项争议聚焦于三个方面:其一,ECT 第 45(1)条中的“限制条款”之生效是否以签字国事先做出声明为条件;其二,“临时适用”是否指整个 ECT 条约的临时适用;其三,临时适用机制是否与俄罗斯国内法相抵触。

在申请撤销仲裁裁决阶段,海牙地方法院进一步简化了争议焦点,其认为要判定国际仲裁庭是否享有管辖权,关键在于是否存在《荷兰民事诉讼法典》第 1065(1)条规定的有效的仲裁协议。[⑥] 如果有,则国际仲裁庭享有管辖权;如果没有,则无管辖权。由此可见,海牙地方法院与国际仲裁庭的分歧正在于 ECT 究竟是整体适用还是部分适用。该争议焦点不仅是国际仲裁庭与海牙地方法院的核心角力点,更是本案在管辖权异议问题上引发广泛讨论的重要原因。

三、裁决结果

(一)国际仲裁庭的裁决思路与结论

1.关于管辖权的裁决

(1)ECT 临时适用于俄罗斯

国际仲裁庭在 ECT 是否对俄罗斯生效以及如何生效的问题上,作出了三层设问与回答:第一,ECT 第 45(1)条规定,对于签字但未批准的国家,ECT 原则上将临时适用,除非临时适用与该国的宪法、法律或行政法规相抵触;第 45(2)(a)条同时规定,签署方可以声明 ECT 对其不临时适用。国际仲裁庭认为,第 45(2)(a)条的不适用规则与第 45(1)条的不适用机制是相互独立存在的。因此,第 45(1)条中“限制条款”的生效并不以签字国事先作出声明为条件。第二,国际仲裁庭指出“临时适用”是指在不与签字国国内法相抵触

⑥ 参见张建:《〈能源宪章条约〉对签署国的临时适用机制研究——以“尤科斯诉俄罗斯”仲裁案为中心的探讨》,载《甘肃政法学院学报》2016 年第 6 期。

的情况下,整个ECT条约的临时适用。因此,签字国无权以国内法为准绳逐一审视ECT的每项具体条款是否与其相抵触。国际仲裁庭研判的理由在于,对第45(1)条进行解释的关键在于短语“该临时适用”中的代词“该”,国际仲裁庭通过对《布莱克法律词典》等著作的查阅以及对卡达索普洛斯案(Kardassopo-ulos)裁决思路的借鉴后,认为“该临时适用”应当是指该条款前面提及的临时适用,即该条约的临时适用。由此,国际仲裁庭认为解释为整个条约的临时适用才更符合文本原意。此外,国际仲裁庭还指出,如果一国具有根据其国内法修改或终止国际条约临时适用的权力,则将大大削弱临时适用国际条约的强制性。⑦ 对此,国际仲裁庭引入了詹姆斯·克劳福德(James Crawford)教授、迈克尔·赖斯曼(W. Michael Reisman)教授等人的观点予以说明,根据《维也纳条约法公约》(Vienna Convention on the Law of Treaties,VCLT)第27条,应推定国内法与国际法相互独立。因此,上述学者认为各国以其国内法为由拒绝履行国际法义务是不被允许的。⑧ 第三,国际仲裁庭认为ECT第45(1)条的限制针对的是“临时适用”这一概念。然而这一概念本身并不与俄罗斯国内法相违背,即俄罗斯国内法并不反对国际条约可以临时适用于本国。由此,国际仲裁庭进一步裁定,根据ECT第45(3)(b)条,ECT对俄罗斯临时适用直至2009年8月20日俄罗斯照会申明其不欲成为缔约国的60天后,即2009年10月19日;根据ECT第47(1)、(2)、(3)条,自ECT对缔约方生效之日起5年后,该缔约方可在任何时候向保管人递交撤出ECT的书面通知。该书面通知在保管人收到满1年时生效,或者在撤出通知指定的在后日期生效。其他缔约方的投资者在该缔约方区域内的投资或该缔约方的投资者在其他缔约方区域内的投资,自该缔约方撤出ECT的行为生效之日起20年内ECT仍适用。因此,国际仲裁庭有权依据ECT对该案进

---

⑦ PCA case No. AA 227, Interim Award on Jurisdiction and Admissibility, Para. 308 - 309, p. 314.

⑧ PCA case No. AA 227, Interim Award on Jurisdiction and Admissibility, p. 316 - 319.

行仲裁。⑨

(2)尤科斯公司方符合ECT关于投资和投资者的定义

在投资者的认定上,根据ECT第7(1)条的规定,投资者包括根据缔约一方法律成立的公司或其他组织。塞浦路斯和英国是ECT的缔约方,而三个申请人分别是依据塞浦路斯法律和英属马恩岛法律成立的公司。根据上述事实,国际仲裁庭认为,ECT第7(1)条对于非自然人投资者只规定了一个标准,即根据缔约一方法律成立即为投资者。因此,即便如俄方所言,尤科斯公司方的申请人是受俄罗斯公民控制的,应当属于受东道国国民控制的壳公司,国际仲裁庭也不能在条约之外增加俄方提出的标准。因此,国际仲裁庭裁定申请人构成ECT所保护的投资者。

在投资问题的认定上,根据ECT第1(6)条规定,投资是指投资者直接或间接拥有或控制的各种资产,包括动产、不动产、公司或其权益、金钱请求权、知识产权等。国际仲裁庭查明,三个申请人均持有尤科斯公司的股份,且其认为ECT关于投资额的定义很宽泛,只要是投资者直接或间接拥有的资产即可。而对于投资者究竟是名义性拥有还是实际性拥有,以及投入是否一定是外国资本等都没有要求。因此,国际仲裁庭驳回了俄方的主张,裁定申请人所持有的尤科斯公司股份构成ECT下所保护的投资。

(3)申请人并未被禁止授予利益

根据ECT第17条的规定,缔约方在特定情形下可以禁止将ECT第三部分“促进和保护投资”的利益授予某些投资者和投资。对此,国际仲裁庭指出,该条只涉及ECT第三部分,而投资者与东道国的争端解决条款属于第五部分。因此,缔约方不能以ECT第17条为由拒绝投资者享有第五部分项下的权益,即将争端提交仲裁。随后,国际仲裁庭又进一步分析了俄方是否行使了禁止授惠的权力,以及本案是否符合禁止授惠的实体条件。俄方主张投资者享有ECT第三部分规定的权益的前提是要经本国的承诺,而本国行使禁

---

⑨ 参见漆彤、窦云蔚:《条约解释的困境与出路——以尤科斯案为视角》,载《中国高校社会科学》2018年第1期。

止授惠的权力则无须事先作出通知。申请人则主张,根据ECT第17条的规定,缔约方只是保留了禁止授惠的权力,该被保留的权力需要被东道国行使而俄方并未行使。国际仲裁庭在此支持了申请人的观点,认定俄罗斯此前并未行使过禁止授惠的权力,且在仲裁程序中也不能再行使该权力。

(4)"不洁之手"原则不能成为申请方不受到法律保护的理由

俄方提出,由于申请人方首先违反了俄罗斯的法律,故而根据"不洁之手"原则,申请人方无权再申请仲裁。[⑩] 国际仲裁庭则认为,ECT并没有明确的对于"不洁之手"原则的规定。但是,根据ECT第26(6)条的规定,国际仲裁庭应根据本条约以及其他可适用的国际法规则和原则裁决争端。因此,国际仲裁庭进一步分析ECT是否暗含"不洁之手"原则。国际仲裁庭认为,如果投资者恶意违反东道国的法律,东道国有权对此进行处罚。但根据查明的事实可知,俄罗斯在本案中已经就尤科斯公司的税务问题进行了处罚,且投资者受到处罚和申请投资仲裁涉及的是两个方面的问题,投资者的不法行为不足以剥夺其申请投资仲裁的权利。如果投资者认为这些处罚是不合法的,仍有权根据投资条约的规定提出解决相应争端的要求。[⑪] 因而,国际仲裁庭驳回了俄罗斯关于适用"不洁之手"原则的主张,同时指出,投资者的不法行为可以成为考量东道国责任和损失赔偿数额的因素。

(5)争议措施不属于税收例外

国际仲裁庭认为,ECT第21(1)条仅适用于善意的征税措施,因此,在该案中本条不适用。国际仲裁庭认定,俄罗斯政府对尤科斯公司的税务进行重新核定的主要目的是给尤科斯公司强加巨额增值税和罚金,使其运营瘫痪,而非出于真实的征税目的。然而,后者是不受ECT审查的。国际仲裁庭还认为,ECT第21条并未涵盖执行税务评估的后续步骤,而俄罗斯政府采取那些步骤正是表明尤科斯公司不仅被逼纳税,而且还被迫破产。[⑫]

---

⑩ PCA case No. AA 227, PRELIMINARY OBJECTIONS, p. 1313.

⑪ PCA case No. AA 227, PRELIMINARY OBJECTIONS, p. 1349 – 1356.

⑫ PCA case No. AA 227, PRELIMINARY OBJECTIONS, p. 1404 – 1407.

(6)本案并未触发"岔路口条款"

ECT第26(3)(b)(i)条规定了"岔路口条款",根据该条,如果投资者已将争端提交至了其他法庭,就不能再根据该条提起投资仲裁。俄罗斯提出要适用"三重一致标准"(triple identity test),即审查三个指标:争议的双方(parties)是否一致,争议的起因(cause of action)是否一致,争议的目的(object)是否一致。其认为,当时欧洲人权法院正在审理的案件是与现行仲裁案重叠的,故国际仲裁庭不能再根据ECT对本案进行审查。然而,国际仲裁庭虽然接受了"三重一致标准",但却不认可俄罗斯政府的观点。国际仲裁庭认为,第一,申请人并不是被申请人所指出的在俄罗斯国内法院提起诉讼的主体,也不是在欧洲人权法院提起诉讼的主体,所以不符合"三重一致标准"当中的当事人相同这一项。第二,申请人向国际仲裁庭寻求救济所依据的是ECT,申请人没有让国际仲裁庭对俄罗斯法院的判决作出判断,而是请求国际仲裁庭认定被申请人是否在ECT项下侵害了申请人的利益,这是基于国际条约的请求。第三,在双重救济问题上,申请人多次指出,如果在欧洲人权法院获得赔偿,那在本案的仲裁裁决中可以进行相应扣减,所以并不存在双重救济的风险。⑬ 因此,国际仲裁庭认为本案并不适用"岔路口条款"。

以上就是国际仲裁庭对程序性问题的认定,结论是:国际仲裁庭对本案具有管辖权。

2. 俄罗斯的行为是否构成征收的裁决

(1)俄罗斯违反了ECT第10(1)条规定的义务

如上所述,ECT第10(1)条是关于公平公正和非歧视原则的规定。在这个问题的事实判断上,双方的争论点在于尤科斯公司是否构成滥用俄罗斯政府的低税区计划进行逃税,如果存在逃税事实,那俄方后续的税收与罚款又是否合法合理。国际仲裁庭认为,首先,根据《俄罗斯税法》第100条第2款税务审计必须"对审计期间发现的税务违法事实进行书面证明"之规定,其并

⑬ 参见高俊:《尤科斯案国际仲裁程序步步回放与研究》,"'尤科斯案'公益座谈研讨会"第二期2020年尤科斯案国际仲裁与投资争端解决座谈会论文。

未发现任何可以支持俄方主张的证据。其次,在税收评估问题上,国际仲裁庭认为申请人有义务证明其在低税区设立的贸易公司存在真实的商业活动,而被申请人俄罗斯政府也有义务证明那些贸易公司不存在真实的商业活动,但对此双方都没有完成举证义务。虽然如此,但尤科斯公司的相关记录是掌握在俄方手中的,因此,国际仲裁庭将这部分的举证责任分配给了俄罗斯政府。由此,因相关证据的缺乏,国际仲裁庭并没有看到尤科斯公司在税收计划中对增值税制度的滥用。[14] 此外,国际仲裁庭基于其他证据发现,俄罗斯政府对尤科斯公司征收的增值税不成比例,有关罚款也缺乏依据,从而认定俄罗斯的行为超出了其合法征税的目的范围,是对尤科斯公司方施加了不公平的待遇,违反了ECT第10(1)条的规定。

(2)俄罗斯违反了ECT第13(1)条规定的义务

国际仲裁庭认为,俄罗斯将尤科斯公司资产转让给另外的国有公司的行为类似于征收。国际投资法的基本原则是保护外资,禁止不合法的征收。根据ECT第13(1)条规定,只有满足以下四个要素的征收才是合法的。第一,征收是为了公共利益。在该案中,国际仲裁庭指出,虽然尤科斯公司的资产被转让给某国有公司,使该国有公司受益,但不能据此断定这是为了让俄罗斯的经济、社会和人民受益。第二,投资者不能受到歧视待遇。有关尤科斯公司是否在税收问题上受到歧视性对待,国际仲裁庭认为双方并没有充分论证,但也并不需要国际仲裁庭进行裁判。第三,征收经过了正当程序。国际仲裁庭认可尤科斯公司偷税漏税的行为应该受到法律的制裁,但是同时也认为俄罗斯强制征收的过程不能满足程序正义的要求。第四,征收后应该给投资者及时、充分和有效的补偿。国际仲裁庭认为这一点没有争议,俄罗斯并没有给予尤科斯公司补偿。由于不符合第三和第四点,国际仲裁庭裁定俄罗斯违反了ECT有关征收的规定。

综上所述,国际仲裁庭在管辖权问题上认定其具有管辖权,在实体性问

---

[14] PCA case No. AA 227, PRELIMINARY OBJECTIONS, p. 1630 – 1632.

题上裁定被申请人俄罗斯政府的行为构成征收,支持了申请人的主张。

(二)海牙地方法院的裁决思路与结论

俄方在海牙地方法院的诉讼中提出了五个撤销裁决的理由,海牙地方法院认为,俄方提出的第一条理由,即缺乏有效的仲裁协议这一理由成立,据此国际仲裁庭无权受理案件并作出裁决,故应撤销国际仲裁庭的临时裁决与最终裁决,因此未就俄方提出的其他理由发表意见。以下将就海牙地方法院的判决思路进行介绍。

海牙地方法院将管辖权争议聚焦于对 ECT 第 45 条的解释上,并对此作出了更为详细的分析。

1. ECT 应当部分适用而非整体适用

首先,法院指出,对 ECT 第 45(1)条限制条款的解释应遵循 VCLT 第 31、32 条的规定,即条约应依其用语按其上下文并参照条约之目的及宗旨所具有的通常含义,善意解释之;条约上下文除涵盖正文、序言、附件外,还涉及相关协定及当事方嗣后专门订立的解释协定;如依第 31 条将导致荒谬结论或含义仍不明确时,亦需考量解释之补充资料等。法院认为,在解释 ECT 第 45 条时,条约用语的通常含义是首要的,尤其是在对 to the extent 这一短语的解释上,法院在参引各主要词典后指出,该措辞仅意味着适用的程度、范围有所区别。这说明俄罗斯所提出的主张更具准确性。[15] 法院进一步分析指出,国际仲裁庭在考虑这一术语所涉及的文本时,赋予了形容词 such(该)以至关重要的决定意义,将文本中“该临时适用”解释为仅仅指“本条约”的临时适用。国际仲裁庭的判断不具有清晰性,单纯从条约用语的通常含义并不能简单得出 ECT 全部抑或部分条款临时适用的结论。相反,法院认为对第 45(1)条进行解释的关键在于其所适用的限制条件,即 ECT 的临时适用不得与签署国国内宪法、法律、法规相抵触。[16] 因此,俄罗斯所提出的通过宪法或正式法令来禁止条约的临时适用是可行的。

---

⑮ The Hague District Court case C/09/477160, C/09/477162, C/09/481619, p.5,11.

⑯ The Hague District Court case C/09/477160, C/09/477162,C/09/481619, p.5,13.

其次,法院指出国际仲裁庭错误地理解了ECT第45(2)(c)条的准确含义,国际仲裁庭将第45(2)条与第45(1)条相分离的解释并不合理,因此支持了俄方关于两条关联性的解释。法院认为,在第45(2)(c)条所指的"在该临时适用不违反其法律或法规的条件下"中,"违反"并非是指"临时适用原则"违反国内法,而是指ECT具体条款对国内法的违反,因为第45(2)(c)条明确规定ECT第七部分在签署国声明不适用时仍然应当临时适用,除非与国内法律、法规相违反。⑰

概言之,法院认为,俄罗斯只受到ECT中不违反其本国法律的那部分条款的约束。

2. ECT第26条违反了俄罗斯国内法

基于法院的上述分析,国际仲裁庭是否具有管辖权,取决于ECT第26条关于国际仲裁的具体规定是否与俄罗斯国内法相兼容,如果兼容则有管辖权,如果不兼容则没有。

在此问题上,尤科斯公司股东认为,只有相关规定被俄罗斯国内法明令禁止才构成不兼容。而法院则认为,这样的解释过于狭隘,因为ECT第45条的措辞并非要求国内法"明令禁止",而是仅仅采用了"不违反"的表述。因此,法院认为,只要俄罗斯国内法并未规定采取国际仲裁的争端解决方法或者国际仲裁本身违背国内立法所得出的基本原则或出发点,则ECT第26条关于国际仲裁的规定的临时适用仍然构成对俄罗斯国内法的违反。

进而,法院对俄罗斯1991年、1993年和1999年的《外国投资法》进行了详细的审查。法院发现,首先,除了1991年和1999年两个版本的《外国投资法》外,其他国内立法皆禁止将公法性质的争议约定提交国际商事仲裁;又根据《俄罗斯民法典》第16条,由国家实体、地方政府或官员对私主体的个人或法人所实施的违反法律或其他法令的非法行为,尽管规定在民事立法中,但却并不能提请仲裁。其次,法院认同俄方所主张的要结合俄罗斯《立法基本

---

⑰ 参见刘敬东:《对尤科斯仲裁案中条约解释的看法》,"'尤科斯案'公益座谈研讨会"第一期2020年尤科斯案国际仲裁与投资争端解决座谈会论文。

原则》第43条对1991年俄罗斯《外国投资法》第9条进行解释的要求。法院认为,根据俄罗斯《立法基本原则》第43条对公法性投资纠纷和私法性投资纠纷的区分可以认定,《外国投资法》第9条第1款属于典型的公法争端,第2款属于典型的私法争端,而该案所涉及的是第9条第1款意义上的公法争端。该案按规定应当由国内法院管辖,并不存在国际仲裁的管辖权基础。最后,法院还指出,俄罗斯1999年《外国投资法》第10条并未区分公法性质与私法性质的投资争端,该条采用了"空白式规定"。具体采用哪类解决争议的方式取决于具体的国际条约、联邦立法,而非投资者的任意选择。⑱ 因此,第10条也并未确定投资者可以提交国际仲裁的法律基础。

基于以上论证,法院最终认定,当事人之间并不存在将本案争端提交国际仲裁的法律基础,ECT第26条关于国际仲裁的规定因与俄罗斯国内法不兼容而触发第45(1)条的限制条款,不予临时适用。因此,依据《荷兰民事诉讼法典》,该案中不存在有效的仲裁协议,国际仲裁庭不具有管辖权,仲裁裁决被依法撤销。

(三)海牙上诉法院的裁决思路与结论

1. ECT应当整体适用于俄罗斯

首先,在对"to the extent"含义的认定上,上诉法院同意地区法院的初步判断。国际仲裁庭将"such application"解释为"the application of this treaty"是缺乏合理性的,不应将ECT第45(1)条中的限制条款理解为临时适用原则是否违背签署国国内法体系。但上诉法院也并未完全采纳地区法院的解释和结论,其认为,ECT第45(1)条中的限制条款应解释为"对ECT中任何一项规则的临时适用都不违反签署国国内宪法、法律或法规的条件下"。换言之,上诉法院依然支持整体性适用的解释路径。

其次,上诉法院还从目的解释的角度入手,援引ECT序言及第2条规定,认为缔约国缔结ECT的目的在于吸引投资。因此,缔约国在签署该条约后就

⑱ 参见张建:《〈能源宪章条约〉对签署国的临时适用机制研究——以"尤科斯诉俄罗斯"仲裁案为中心的探讨》,载《甘肃政法学院学报》2016年第6期。

产生了为投资创造条件的义务。而一审法院通过“拆分方法”对第 45(1)条进行解释,认为应当将 ECT 条文与签署国的宪法、法律或法规进行逐条比对,仅承认那些不与签署国国内立法相冲突的条文的效力的观点是不正确的。原因在于,投资者不可能去逐一识别和判断东道国是否存在任何与 ECT 的规定有所出入的法规,将这样的要求施加于投资者是不合理的,有违 ECT 对投资透明度的要求,同时也有悖于 ECT 鼓励投资的宗旨。[19]

最后,上诉法院还通过 ECT 的谈判文件加以证实:俄罗斯并未主张过临时适用条款可以单独适用。ECT 第 45(2)条不是援引第 45(1)条的普遍临时适用的条件,只是为了防止对临时适用附加选项,因此上述两项间是互不干涉的关系,其并不要求缔约国事先通知适用该临时适用条款时方才适用。

综上所述,上诉法院最终支持了国际仲裁庭的裁决,即 ECT 应当整体性适用。

2. ECT 第 26 条与俄罗斯国内法不抵触

上诉法院认为,应将 ECT 第 45 条中的“违反”理解成,适用一个规则将导致对另一规则的违背与破坏。在此种含义下,适用 ECT 第 26 条并不会造成对俄罗斯宪法与法律的违反,原因有三:其一,外国投资者与东道国之间的争议属于民商事纠纷而非公法纠纷;其二,ECT 第 26 条所规定的国际仲裁程序与俄罗斯国内法中的仲裁程序系互补关系,前者适用于国际投资争端的解决,后者适用于俄罗斯国内事务;其三,包括民事诉讼法在内的很多俄罗斯国内法律都规定了条约优先原则,即使俄罗斯《外国投资法》没有规定仲裁这一争端解决路径,也不能就此认定 ECT 第 26 条与俄罗斯国内法不一致。

3. 签署行为构成对 ECT 第 26 条的同意

在这一问题上,海牙地方法院认为,ECT 第 39 条将批准、接受或认可作为条约的生效方式,因而排除了签署使条约生效的可能;且其根据俄罗斯宪法中的权力分立原则与专家证人的证词等进一步得出结论,即构成对俄罗斯

---

⑲ 参见张振安:《跨境仲裁的语言和翻译问题》,“仲裁大家谈——尤科斯案系列讲座”第三期 2020 年会议论文。

法的补充或修改的国际条约必须通过国家杜马批准。然而,上诉法院却认为,尽管俄罗斯宪法规定了权力分立原则,但这一原则并没有具体说明哪一项权力属于哪一个部门,因而联邦立法者并没有限制总统或总统领导下的政府根据俄罗斯法律同意条约临时适用的权力。所以,如果签署 ECT 并不违反俄罗斯国内法的话,俄罗斯即构成对 ECT 第 26 条的同意。[20]

基于以上分析,海牙上诉法院最终支持了国际仲裁庭的观点,认为尤科斯公司的三名股东有权依据 ECT 第 26 条来提起对俄罗斯政府的仲裁,国际仲裁庭对本案亦有管辖权。

从表 1 可见本案中国际仲裁庭和法院关于争议焦点的认定结果。不难发现,其中分歧最大的便是 ECT 是否应当整体性适用这一问题,但真正决定国际仲裁庭有无管辖权、裁决有无约束力的关键仍是 ECT 第 26 条是否与俄罗斯国内法相违背。

表 1　国际仲裁庭、海牙地方法院与上诉法院对焦点问题的意见梳理

争议焦点	国际仲裁庭	海牙地方法院	海牙上诉法院
ECT 第 45(1)条中限制条款的生效是否以签署国事先声明为条件	否	否	否
ECT 应当整体适用还是部分适用	整体适用	具体条款	不适用于整个条约,当临时适用的条款被国内法禁止时,“限制条款”才会阻止这些条款的适用
ECT 第 26 条是否与俄罗斯国内法相抵触	不抵触	抵触	不抵触

[20] 参见刘敬东:《对尤科斯仲裁案中条约解释的看法》,“‘尤科斯案’公益座谈研讨会”第一期 2020 年尤科斯案国际仲裁与投资争端解决座谈会会议论文。

四、评析

尤科斯公司案在国际投资仲裁史上是一个具有里程碑意义的案件。本案经历了9年的仲裁程序、2年的撤销仲裁裁决诉讼程序和4年的上诉程序,从提起仲裁到尘埃落定,共耗时15年之久。案件的标的之高更是创下了史无前例的纪录。但本案最值得关注的地方仍是国际仲裁庭在管辖权问题上的争议,这一问题也正是国际仲裁庭、海牙地方法院和上诉法院之间的分歧所在。

在本案中,管辖权方面的争议主要集中在ECT未对俄罗斯生效,而最多只能临时适用于俄罗斯,从而涉及ECT与俄罗斯法的兼容性,以及俄罗斯违反这种临时适用是否产生相应的国际责任的问题。国际仲裁庭和上诉法院的观点都是ECT与俄罗斯法兼容,因此整体ECT适用于俄罗斯;海牙地方法院则认为ECT中只有与俄罗斯法兼容的部分才适用于俄罗斯,而争议解决条款不兼容因此不适用。纵观国际仲裁庭与法院的裁判理由可以发现,本案的争议主要集中于对ECT中to the extent、may、not with standing以及such application这几个字词的解释,地方法院侧重于条约的文义解释,倾向于采用"拆分方法",而国际仲裁庭和上诉法院则侧重于条约的上下文和目的,进而从合法性、合理性及整体性出发,进行逻辑解释、系统解释、论理解释及历史解释。但由于ECT第45条的措辞本身就具有较大模糊性,目前学界与实务界依然对本案在解释路径与管辖权裁决的合理性与合法性上存在着较大分歧。但不可否认,本案国际仲裁庭与法院在条约解释方面的观点依然有着诸多值得学习之处。同时,这也反映出缔约国在缔结国际投资条约时需要在这些方面更加注意并完善。

此外,本案在国际投资法与国际仲裁上的一大创新在于讨论了"不洁之手"原则和国际仲裁庭秘书对案件的影响问题。关于"不洁之手"原则是否可以作为国际法的一般原则，目前学界与实务界对这个问题并无共识，而本案国际仲裁庭的结论为否，其说理思路值得后续的相关仲裁裁决予以借鉴。在国际仲裁庭秘书对案件的影响问题上，法院认为，在无明文规定的情况下，只要国际仲裁庭不将裁决的实质内容委派给秘书或者助理处理则不属于撤裁事由。

本案反映出的一大制度性问题在于——是否有必要在国际投资仲裁程序中设置上诉机制。本案的上诉判决正是海牙上诉法院在行使并由其承接了国际投资仲裁上诉审理的大部分职能与权力后作出的，但这恰恰反映了在目前的仲裁程序中缺乏上诉机制这一屏障性保护措施对仲裁裁决的矫正。这一程序的缺失所造成的结果就是将由一国国内法院来判断某一国际条约是否对另一国适用并发生法律效力，这不仅超出了法院对国内法审理的范畴，更是在很大程度上构成他国对东道国主权的干涉。[21] 而如果要设立相关的上诉机制，如何去平衡好仲裁在效率上的优势亦是另一值得探讨的问题。

综上所述，从投资者与东道国的角度来说，应尽可能细化与明确国际投资条约中的模糊性用语，使国际投资条约具有更强的可预见性。国际仲裁庭在面对条约解释难题时，需要在遵循 VCLT 的基础上，使用更多元的解释方法，以便更好地平衡投资者与东道国之间的利益冲突。在整体性投资仲裁制度构建上，有必要思考是否应当建立有条件的上诉机制，以便进一步优化仲裁裁决的合理性与一致性等。

㉑ 参见黄健昀：《国际投资仲裁：有条件的上诉机制——从“尤科斯案”到“一带一路”投资争端解决》，载《西部法学评论》2020 年第 5 期。